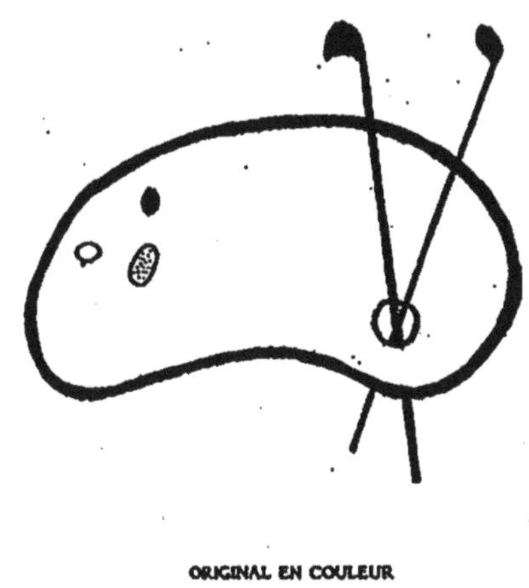

ORIGINAL EN COULEUR
NF Z 43-120-8

LE COMMUNISME

DANS L'HISTOIRE

ET

les systèmes socialistes d'à présent

D'APRÈS LE P. STECCANELLA, S. J.

Par Aug. ONCLAIR, Prêtre

NAMUR
IMPRIMERIE DOUXFILS. — V. DELVAUX, SUCCESSEUR
Rue de la Croix, 23 et 25

1895

LE COMMUNISME

DANS L'HISTOIRE

ET

les systèmes socialistes d'à présent

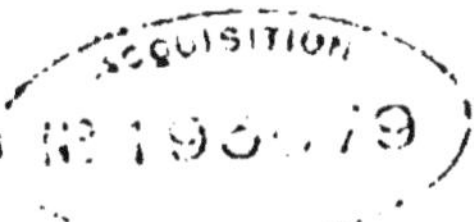

D'APRÈS LE P. STECCANELLA, S. J.

Par Aug. ONCLAIR, Prêtre

NAMUR
IMPRIMERIE DOUXFILS. — V. DELVAUX, SUCCESSEUR
Rue de la Croix, 23 et 25

1895

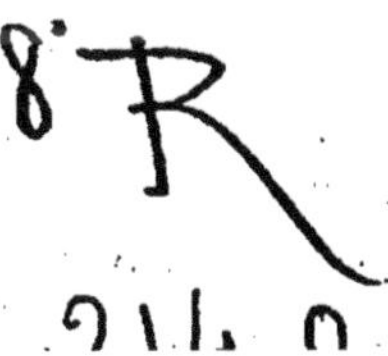

TABLE DES MATIÈRES

DEUXIÈME PARTIE

INTRODUCTION

Les mots *communisme* et *socialisme* sont d'après nous à peu de chose près, comme nous le dirons tout à l'heure, des dénominations d'une seule et même erreur.

On appelle aujourd'hui *socialisme* ce qu'on appelait au siècle dernier *communisme*. Le changement de nom, comme le remarque fort à propos Louis Reybaud, est sorti de l'école de Saint-Simon; il a été accepté et vulgarisé par les écoles qui se sont formées plus tard. Celles-ci, rejetant comme des oripeaux hors d'usage les anciens noms de *communisme* et de *communiste*, ont donné à leur doctrine celui de *socialisme*, et ont pris eux-mêmes le titre de *socialistes*, bien que la doctrine socialiste ne différât pas en substance de la doctrine communiste.

Un simple rapprochement pourra suffire à le prouver. La doctrine professée par les communistes du siècle dernier se réduit tout entière à un principe théorique et à un principe pratique. Le principe théorique, c'est que les hommes étant égaux par nature doivent l'être aussi dans leurs rapports sociaux, non seulement en droit, mais en fait. Le principe pratique, c'est que la propriété privée faisant opposition à l'égalité des hommes en fait doit être transformée en propriété publique ou commune aux mains de l'État qui aura la charge de faire une répartition équitable des fruits. La doctrine enseignée par les socialistes de notre temps n'est nullement différente. Saint-Simon, sous son enseigne de l'*Association universelle*, Fourier, sous le titre de la *Réforme sociale*, Louis Blanc, dans son livre de l'*Organisation du travail*, Cabet, dans son *Icarie*, Lassalle et Marx, dans leurs écrits, bref tous les professeurs de socialisme en France et en Allemagne, pays dans lesquels la secte a vu le jour et grandi, enseignent et défendent en substance ces deux principes qui, au siècle dernier, ont été enseignés et défendus par les communistes. On a écrit que le socialisme, sous la plume de Marx, et à raison de la nouvelle direction que celui-ci lui a imprimée, avait pris une forme, et suivi une marche, de nature à faire oublier tout le travail que les devanciers du juif allemand avaient fait en cette matière. Mais cette assertion est démentie par le *manifeste* qu'il écrivit et proposa au congrès des communistes allemands tenu à Londres, en 1847, qui prouve qu'il avait pris place dans leurs rangs. Son livre du *Capital* prouve également qu'il se tient pour communiste, et professe au fond les doctrines communistes. Nous sommes loin de contester qu'il y ait dans ses ouvrages des arguments nouveaux, qu'il fasse preuve d'une grande habileté à les faire valoir, d'une rare vigueur dans l'attaque et d'une connaissance approfondie de la condition des ouvriers vis-à-vis des patrons, qu'il traite son sujet avec une largeur de vues peu commune chez ses confrères. Mais il n'en est pas moins certain que tout son travail, laborieusement agencé, vise à un but déterminé et manifeste, celui du triomphe de la doctrine communiste, résumée en ces termes : *abolition de la propriété privée, collectivisme* ou communauté de tous les biens remis aux mains de l'État.

Que si les communistes et les socialistes sont d'accord sur la profession de la doctrine, ils ne se séparent pas non plus en substance, quand il s'agit de l'appliquer, si ce n'est sur la répartition des fruits du travail. En effet, tandis que les communistes veulent que tous les membres de la société soient assis à un même banquet, et que, pour rendre hommage à l'égalité naturelle, ils soient tous traités sur un pied d'égalité, les socialistes au contraire estiment que la rémunération du travail commun doit être proportionnée à l'habileté et à la diligence de chacun. Ce principe, s'il a de la valeur en théorie, ne saurait tenir longtemps dans l'application.

En effet, sur quoi se fonde tout l'édifice socialiste? Nous l'avons vu tout à l'heure, il est basé sur l'égalité naturelle des hommes, d'où découle comme une conséquence légitime leur égalité non seulement en droit, mais en fait, à titre de justice. Supposez à présent que la rémunération du travail commun, ou la répartition des fruits du travail, soit proportionnée à l'habileté particulière de chacun des travailleurs. Il arrivera bientôt que les plus habiles seront dans l'abondance, accumuleront leurs gains, et pourront mener une vie assez large, tandis que les moins capables seront forcés de mener une vie assez maigre. Ainsi réapparaîtra la distinction de ceux qui possèdent et de ceux qui ont peu ou rien, ce qui est en contradiction flagrante avec le principe fondamental du socialisme. Il s'ensuit que dans le sein même de la communauté socialiste, on entendra résonner les clameurs des moins fortunés, contre l'inégalité sociale qui aura reparu. Aussi pour faire cesser la contradiction et plus encore pour éviter le péril d'une révolution ou d'un schisme socialiste, sera-t-on forcé d'avoir recours à l'organisation franchement communiste où il n'y a aucune inégalité parmi les associés. En d'autres termes : le socialisme devra se montrer tel qu'il est, en effet, en vertu de ses principes, même sous le rapport pratique, c'est-à-dire du pur communisme.

Du reste, la raison de ce changement du nom de *communisme* en celui de *socialisme* n'a pas été une différence substantielle qui existât entre l'un et l'autre, mais un simple artifice suggéré par l'opportunisme. Le mot *communisme* dit franchement que la doctrine et la tendance de ceux qui le professent est la communauté des biens opérée par l'abolition de la propriété privée. Cette idée devant être assez peu du goût de certains, à cause de leurs coffres-forts, à d'autres, à cause de leur conscience, on eût rencontré de graves difficultés à vouloir le ressusciter, surtout après la grande révolution française. Il n'en est pas de même du mot socialisme, celui-ci cachant hypocritement sous une idée générique sa détestable nature donnant à ses adhérents un certain air de philosophes qui proposent et discutent des doctrines appartenant à l'ordre social; sous ce titre les fils de la révolution qui avaient pour rôle d'accomplir l'œuvre de leur mère étaient à même non seulement de se faire place parmi le peuple, mais encore de s'introduire dans les assemblées politiques et parmi les industriels, de monter dans les chaires des universités, de répandre largement leurs principes sous une forme philosophique et économique, de faire naître et d'aigrir la *question ouvrière*, et à son occasion d'exciter la révolution sociale dans le but de réaliser le communisme.

Nous venons de donner à nos lecteurs le motif pour lequel, dans nos écrits sur la question sociale, nous nous attaquons plutôt au *communisme* qu'au *socialisme*.

Cette raison est fort simple. Le mot communisme révèle, dans toute son étendue et avec la plus grande clarté d'idée, les tendances et le but de cette réforme sociale, vers laquelle la révolution veut acheminer la société. Nous n'avons pas voulu, nos lecteurs nous rendront ce témoignage, restreindre, dans nos écrits, la question entre les étroites limites où le socialisme, depuis une quarantaine d'années, a prétendu la confiner, en la réduisant tout entière à la lutte du travail contre le capital. Ce cercle est d'abord trop resserré, il ne présente qu'un seul côté de la question totale; et de plus il se prête, de sa nature, assez aisément aux embûches de l'équivoque et du sophisme. Nous avons, en conséquence, été d'avis que nous devions étendre notre horizon, de manière à ce que la question se montrât dans toute son étendue, et se présentât telle qu'elle est dans tous ses rapports. Ce n'est qu'ainsi qu'on la connaîtra pleinement et que l'on pourra se rendre compte de son caractère.

Nous l'étudions donc à un triple point de vue : au point de vue *historique*, *théorique* et *pratique*. C'est ainsi seulement que l'on pourra se rendre compte de ce que le communisme ou le socialisme a été dans le passé, de ce qu'il est dans ses principes, de ce qu'il serait si ses systèmes étaient traduits en pratique. On verra, de la sorte, que dans les différentes formes sous lesquelles il s'est montré dans l'histoire, il a été ondoyant et divers comme l'erreur, qu'il est faux dans ses principes, qu'il est absurde dans l'application de ses systèmes et que, par conséquent, il serait souverainement désastreux pour la société. Le caractère criminel du socialisme se trouvant ainsi établi, il est tout naturel de rechercher les causes qui l'ont fait naître et qui l'ont maintenu en vie; il est tout naturel aussi que nous recherchions les remèdes les plus propres à délivrer la société du désastre dont elle est menacée.

Notre écrit actuel, du moins en partie, traite la question au point de vue historique. Nous y disons aussi ce que serait la société si le socialisme venait jamais, ce qu'à Dieu ne plaise, à triompher. Dieu, selon une parole énergique de Louis Veuillot, Dieu, pour réaliser l'enfer, n'aurait qu'à faire descendre là l'éternité.

2° Nous avons publié dans *la Revue catholique des institutions et du droit*, en une série d'articles, une étude sur la propriété au point de vue du droit et du fait. C'est logiquement la 2e partie, parce que tous les efforts du socialisme et du communisme tendent à détruire la propriété privée, et que la démocratie actuelle si aveugle, si ignorante, si aventureuse, l'y aide par ses déclamations et ses concessions.

Cette étude, nous la faisons suivre d'une autre sur le socialisme en général et sur le capital. Il faudrait pour la compléter dire quelques mots du droit de tester. C'est la partie *théorique.*

3° Un volume édité à Paris présente la partie *pratique* sous le titre : *Entre patrons et ouvriers.* C'est peut-être le seul qui pourra donner lieu à des contestations.

4° Un quatrième écrit présente les causes et les remèdes de la gangrène qui ronge notre pauvre société.

Que Dieu bénisse notre travail, et lui fasse produire les fruits que nous désirons ardemment! Nous l'avons écrit avec calme et désintéressement, pour la gloire de Dieu, en tenant nos regards fixés sur l'enseignement des maîtres de la science et surtout sur celui du maître infaillible que Dieu a donné à son Église et qui, depuis bientôt dix-neuf siècles, a montré qu'il avait les paroles de la vie éternelle.

....

PREMIÈRE PARTIE

LES DIFFÉRENTES FORMES HISTORIQUES DU COMMUNISME

Le visage que prend aujourd'hui le communisme est nouveau, mais l'idée qu'il nous présente est loin d'être nouvelle soit en théorie, soit dans la pratique. Si nous remontons le cours de l'histoire jusqu'à la formation des plus anciennes républiques grecques, nous le trouvons établi par là dans toute sa fleur. Et si nous descendons en suite jusqu'à notre époque, nous le trouvons, pour ainsi dire, toujours attaché aux flancs de la société humaine, dans la disposition clairement marquée, tantôt sous une forme, et tantôt sous une autre, de l'attirer à lui et de la gagner à ses principes. Mais, jusqu'à ce jour, il n'a essuyé que des refus dédaigneux : ses efforts ont été en pure perte.

Sa forme *pratique* dans l'antiquité ne lui a servi à rien. Il en a été de même de sa forme *scientifique*, de sa forme romanesque de l'*utopie*, de sa forme *religieuse*. Il y a des années qu'il combat sous la forme *rationaliste*, pour vaincre enfin la répulsion qu'il inspire; jusqu'à cette heure le succès n'a pas répondu à son attente. La société devenant inébranlable dans son refus se montre disposée à l'attaquer, les armes à la main et à l'écraser s'il avait l'audace de tenter une agression contre l'organisation sociale actuelle. Or, voici un fait historique social : le communisme, après l'essai assez restreint qu'on a fait consciencieusement de ses théories en Grèce, a toujours été repoussé par les sociétés civilisées, et s'il a réussi à mettre le pied parmi elles, il a été violemment chassé. Mais un fait constant est l'effet d'une cause constante. Quel est donc le motif pour lequel le communisme a été si durement traité par la société? Examinons les manifestations des différentes formes historiques sous lesquelles le communisme a fait son apparition dans le monde; la suite de notre travail donnera clairement ce motif.

....

CHAPITRE PREMIER

LE COMMUNISME SOUS UNE FORME SOCIALE PRATIQUE CHEZ LES CRÉTOIS ET LES SPARTIATES

Le premier peuple qui se présente à nous vivant sous un régime communiste, c'est celui de l'île de Crète, 1300 ans environ avant Jésus-Christ. Minos, dit-on, fut l'auteur de sa constitution. Que ce fait soit vrai ou faux, peu importe à notre sujet. Toujours est-il que son régime a été communiste. Après que le gouvernement monarchique eut été chassé de l'île et que les villes qui y florissaient se furent fédérées, voici leur manière de vivre commune : chacune des villes devint capitale et gouverna la partie du territoire qui était de son ressort. Le pouvoir était exercé par le Sénat, et par comices populaires. Une magistrature suprême, composée de dix membres élus par le peuple sous le titre de Cosmes, exerçait la surveillance sur eux. L'autorité des Cosmes, étant absolue et universelle, faisait courir des risques à la liberté commune. Or, on dut y mettre un frein efficace, en reconnaissant au peuple le droit de s'insurger et de se défaire à son gré des Cosmes, chaque fois qu'ils seraient soupçonnés de tyrannie.

L'éducation était toute guerrière : l'insigne vertu, à leurs yeux, était la valeur militaire. Un chant qui nous a été conservé par Athénée disait : « Ma lance est ma grande richesse, mon épée et mon solide bouclier sont mes fidèles gardiens. Avec ces armes, je travaille, je moissonne, j'exprime le jus des raisins; je suis le seigneur de mes esclaves. » Et il disait vrai. Les Crétois ne songeaient pas à se procurer le vivre par leur travail et leur industrie. Cette charge était imposée aux misérables esclaves de la campagne, appelés *Periêques*. Ceux-ci devaient pourvoir leurs tables d'aliments, en mettant aux mains du gouvernement les denrées annuelles. Les citoyens s'en nourrissaient en commun. A l'heure fixée, les tables étaient servies, et chacun courait s'y asseoir comme à un repas de famille, pour y manger la portion qui était distribuée avec égalité.

Ce genre de vie communiste n'eut guère de succès. Le sol était, de sa nature, d'une grande fertilité, et cependant, il ne rendait pas ce qui était nécessaire à la vie. On dut restreindre la nourriture quotidienne, jusqu'à en réduire la mesure à l'extrême de la frugalité. Cela ne suffit pas. On eut recours au remède plus que brutal d'empêcher l'accroissement de la population, par des moyens criminels et infâmes, à faire honte à la férocité la plus sauvage. Bien plus : l'oisiveté dans laquelle ils croupissaient et dont ils paraissaient être heureux, amena la corruption des mœurs; la corruption engendra la mollesse; la mollesse énerva les âmes, et la vertu militaire disparut. La convoitise de la propriété ne demeura pas vaincue, sous la verge de la communauté, bien que l'éducation et l'exemple en eussent désaccoutumé les citoyens dès leur enfance. Elle reprit peu à peu son empire. Elle enseigna les arts et les ruses pour accumuler des richesses, d'abord en secret, puis en public. C'est ainsi que l'on vit s'élever de riches habitations et de riches seigneurs, parmi les cabanes de la hideuse foule communiste, stupéfaite de ce qui se passait au sein de la communauté. C'est ainsi que finit l'œuvre du communisme imaginée par Minos.

Lycurgue, d'après l'opinion vulgaire, a été le législateur de Sparte. Prenant pour modèle la constitution de Crète, il en retint le fond communiste, y apportant, pour le reste, les corrections qui lui parurent nécessaires ou utiles à sa patrie. Deux rois, un sénat de vingt-huit membres et au-dessus des rois, et des sénateurs, le collège des cinq Ephores formaient le suprême pouvoir de la république. Les rois avaient, en temps de guerre, le commandement des troupes; en temps de paix, les seuls honneurs civils. Le sénat tenait des délibérations et proposait les lois à faire aux assemblées populaires. L'ensemble du gouvernement le plus absolu était concentré entre les mains des Ephores qui disposaient, à leur gré, de la vie et de la mort des citoyens, sans que nul n'eût le droit de leur en demander compte.

Sous un gouvernement pareil, le peuple était organisé d'après le régime de l'égalité; en conséquence, toute distinction de famille était supprimée. Il ne devait y avoir qu'une seule famille ayant à sa tête, comme père commun, l'État. Les Spartiates, en naissant, tombaient entre ses mains, et lui se faisait leur nourricier et leur gouverneur. Mais le premier acte de cette paternité était d'examiner le petit corps qui venait de voir le jour; s'il promettait des membres sains et vigoureux, il était sauvé; sinon on le jetait parmi les rochers du Taigète où il allait se fracasser. Une éducation commune était donnée aux garçons comme aux filles, et elle était entièrement dirigée vers un but férocement guerrier. Un corps robuste, une âme audacieuse, le mépris de sa propre vie et de celle d'autrui étaient considérés comme le sommet de la vertu. Les arts, les sciences et les lettres, il n'en était pas fait mention. La rudesse était en honneur et les autres en mésestime.

Les tables étaient dressées en commun; la nourriture était

la même pour tous, les demeures que l'on habitait étaient les mêmes, les vêtements et leur couleur aussi. Les divertissements, les promenades, les conversations, les occupations, tout en un mot était soumis aux règles de l'égalité. Sparte sous ce rapport peut servir de maîtresse. Quant aux biens immeubles, Lycurgue partagea les terres en trente-neuf mille portions égales. Il en attribua neuf mille aux familles de la ville, et trente à celles de la campagne, avec défense absolue de les diminuer ou de les accroître, ne fût-ce que d'une palme. Chaque famille qui en avait la possession devait fournir une certaine quantité de denrées annuelles à l'État pour l'entretien commun, et celle qui ne la fournissait pas perdait le droit de cité. La règle suivie à l'égard des biens meubles était différente. Le char, la bête, l'esclave, les instruments du travail étaient des objets communs. Quand on en avait besoin, on les prenait là où on les trouvait sans les demander à personne. La femme était soumise à une loi commune toute pareille.

En abattant les nombreuses inégalités sociales, Lycurgue en laissa une seule intacte, celle de l'esclavage. Dans les champs de Sparte vivaient des esclaves, des serviteurs, des ilotes. Privés de tous les droits du citoyen, tombés et méprisés pis que des bêtes, ils étaient condamnés à travailler tout le jour au profit d'une féroce aristocratie guerrière qui était pleine de soupçons à leur endroit. Malheur à eux, s'ils paraissaient se multiplier en nombre trop considérable, ou si dans l'assistance qu'ils prêtaient en temps de guerre à leurs maîtres, ils avaient fait preuve d'une âme forte et généreuse; ils étaient exécutés. Dans de pareilles circonstances, les Spartiates étaient envoyés dans les campagnes, par troupes, pour leur donner la chasse, et les détruire comme des bêtes fauves. Nous venons de donner une faible esquisse de ce que fut le communisme de Sparte, tant exalté par la révolution.

Aussi longtemps que Sparte demeura dans les limites assez restreintes de son territoire, elle maintint sa forme de gouvernement. Mais quand elle dut en sortir et porter ses armes en d'autres États, la décadence commença. Le vice et la guerre firent baisser la population, et la convoitise de la propriété brisa la chaîne qui gênait ses mouvements. Elle sut tout d'abord trouver le moyen de faire approuver une loi qui donnait une certaine liberté d'étendre la propriété des immeubles.

Cette concession obtenue, elle s'en servit si largement et sans scrupule, que les portions distribuées aux termes de la loi de Lycurgue, entre trente-neuf mille familles, se trouvèrent être finalement partagées entre un petit nombre de patrons. De sorte qu'Aristote crut devoir critiquer sous ce rapport la constitution de Sparte en vogue de son temps. Il nota en particulier la disproportion qu'il y constatait dans la distribution des propriétés; certains, en effet, y possédaient des biens immenses, tandis que d'autres n'avaient presque rien, et le sol était ainsi tombé aux mains d'un petit nombre d'individus (1).

Telles furent les institutions communistes de Crète et de Sparte. Soumettons-les à un rapide et succinct examen.

L'égalité rigoureuse étant la loi fondamentale de ces deux républiques, celle qui devait régir un nombre si considérable de citoyens, de caractères et de propensions si inégales, il y fallait une autorité suprême, absolue qui traitât sans pitié quiconque aurait l'audace de la briser d'une façon quelconque. Minos et Lycurgue l'établirent, en effet, le premier dans les *Cosmes* et le second dans les *Ephores*.

Mais, comme les simples particuliers pouvaient se départir de l'égalité à leur profit, les membres de cette autorité étaient capables d'en faire autant. De là la nécessité d'obvier

(1) Aristote. *Polit.* Liv. II. Ch. VI. P. 10.

à un inconvénient aussi grave. On y pourvut, en effet, en Crète, en octroyant au peuple le droit de s'insurger contre les Cosmes, chaque fois que ceux-ci seraient soupçonnés d'ambition. Mais que de désastres ce droit n'amena-t-il pas? Les mouvements populaires furent fréquents, sanglants, sans ordre, sans aucun profit, et très dommageables. Tel est le souvenir que nous a laissé Aristote. Pour éviter de si graves inconvénients, un droit pareil ne fut pas concédé à Sparte. Mais il y eut là des injustices commises, des peines infligées, des assassinats de citoyens pour cause de délits soupçonnés ou indûment supposés. L'anarchie et l'arbitraire d'une autorité despotique sont donc les deux qualités sociales dont se prétendent investies dans l'histoire les deux formes communistes appliquées dans l'antiquité.

L'organisation d'après ces systèmes nous offre des désordres plus graves encore. L'amour de la famille pouvant être préjudiciable à l'égalité, pour y obvier l'État remplaça la famille. Le même inconvénient pouvait se présenter dans la vie commune de mari et femme. On y pourvut en établissant la promiscuité. A part cela, le fait de s'asseoir à des tables communes toutes dressées alimentait l'oisiveté. L'égalité des demeures et des vêtements était cause que les arts et l'industrie étaient méprisés. L'obligation de se mouvoir et de se tenir tranquille, le repos et le travail imposés d'après une règle commune occasionnaient l'oppression de la liberté individuelle. De telle sorte qu'à tout prendre l'une et l'autre forme communiste que nous venons de dépeindre nous offrent comme sortant de leur sein l'abolitioh de la famille, la prosmiscuité des femmes, la confusion des deux sexes, le mépris pour toutes les œuvres d'art et de génie, et l'homme doué de raison changé en un homme-machine. Qu'était-ce donc que la vie de la république de Sparte et de Crète? Évidemment une vie contre nature tant pour l'homme social que pour l'homme individuel;

une insulte perpétuelle aux lois les plus sacrées de l'espèce humaine, une pourriture sociale. Ces républiques portaient donc dans leur sein la cause de leur ruine. Elles ne pouvaient pas subsister; elles devaient fatalement périr.

Et cependant l'une et l'autre, reprend le communiste, durèrent des siècles. Mais une société contre nature ne pourrait rester longtemps debout. De plus Crète et Sparte surtout ont fait l'admiration et ont reçu les éloges de toute l'antiquité. — On répond à cela : est-il vrai oui ou non que la vie des Spartiates et des Crétois telle que nous venons de la décrire était tout entière en opposition avec la loi naturelle? Comment en douter? Or, ni la durée d'une institution quelconque, ni l'admiration qu'elle a excitée, ne changeant pas sa nature morale, notre conclusion reste debout. L'une et l'autre société portaient dans leur sein un poison mortel. Si la ruine ne s'en suivit pas immédiatement, la cause doit être attribuée tout d'abord à l'éducation, celle-ci donnant tout au développement de la force et de la passion brutale, et non à celui de la force rationnelle et de la conscience morale; la société qui sortait de là devait être en correspondance avec la cause qui la produisait, c'est-à-dire une société sauvage, une société bestiale.

Aux individus qui la composaient, grossiers au plus haut point, superstitieux à l'excès, sans conscience, ayant leur pâture assurée, à heure fixe, la liberté de satisfaire la fougue de leurs appétits, des esclaves à opprimer à l'intérieur, des ennemis à écraser au dehors, à des individus pareils, il ne venait pas même à l'esprit qu'il pût y avoir au monde une vie sociale meilleure. D'autre part, il n'était pas question de maintenir dans un si profond avilissement de la dignité humaine un grand peuple. Des sociétés de cette nature ne comptaient guère que quelques milliers d'individus, et par surcroît elles étaient éloignées des autres républiques civilisées de la Crète; elles n'avaient donc conscience que de ce qu'elles voyaient dans le cercle restreint de leur propre pays, ou un peu au delà. En effet, à peine les Spartiates se furent-ils, pendant la guerre du Péloponèse, trouvés en contact avec les peuples civilisés, et les virent-ils d'un peu plus près qu'ils ne furent plus les mêmes. Ni leur éducation en commun, ni l'aveugle fanatisme d'abnégation insinué dans leurs âmes depuis leurs plus tendres années, ni le terrible pouvoir des Ephores, ni toute autre rigueur quelconque des lois ne suffirent pour les contenir. Ils brisèrent les chaînes qui les tenaient rattachés au communisme, dédaignèrent la pauvreté, méprisèrent les monnaies de fer, et se ruèrent sur l'or et l'argent. C'est alors qu'au mépris des lois fondamentales, le moyen fut trouvé d'étendre les propriétés, et celui qui avait le mieux su accumuler des richesses fut considéré comme étant l'homme du monde le plus heureux. Les chefs avaient beau protester, ce fut peine perdue. Les rois Agis et Cléomène, qui tentèrent de réduire les opposants à l'antique discipline et de partager derechef le territoire en portions égales, tombèrent victimes de leur audace. Pour tout dire en un mot, le communisme pratiqué dans l'antiquité n'a su nous donner autre chose qu'une société bestiale avec l'homme-machine. Mais cette société étant par là même antinaturelle devait périr et elle périt en effet, au premier choc d'une société fondée en conformité avec la nature de l'homme, sur le droit individuel harmonisé avec le droit social.

....

CHAPITRE II

LE COMMUNISME SOUS LA FORME PHILOSOPHIQUE DANS L'ANTIQUITÉ PLATON ET SES ADHÉRENTS COMBATTUS PAR ARISTOTE

En dépit de ces considérations évidentes par elles-mêmes, la république de Sparte attira les regards et plut au génie de Platon. Recherchant la forme la plus parfaite d'une société, il ne sut la trouver ailleurs que dans le communisme. Voici par quel raisonnement il arrivait à cette conclusion : « Cet État, disait-il, cette forme de gouvernement, ces lois-là doivent être préférées en vertu desquelles s'accomplit le plus strictement et à la lettre dans toutes les parties de la vie sociale l'antique proverbe qui dit : Tout est, dans la réalité du fait, commun entre amis. Donc, en quelque lieu qu'il arrive, qu'il s'effectue ou qu'il doive s'effectuer un jour que les femmes et les enfants soient en commun, que les biens de toute espèce soient à tous et que l'on prenne le plus grand soin d'extirper de l'usage de la vie, jusqu'au nom même de propriété, de telle sorte que les choses elles-mêmes que la nature a données à chaque homme en particulier deviennent de quelque façon communes à tous, autant qu'il est possible... en un mot, partout où les lois ont fait tous leurs efforts pour rendre l'État parfaitement uni, on peut tenir pour certain que là se trouve la souveraine perfection de la vie politique. Pas n'est besoin de chercher ailleurs le modèle d'un gouvernement; il faut s'arrêter à lui et s'en rapprocher le plus possible. » Cette base posée, la bâtisse des murs devait y correspondre. Et de fait, tout est en parfaite harmonie avec cette idée, dans l'organisation civile et morale imaginée par Platon.

L'État modèle devant, d'après lui, être uni, ne peut avoir qu'une seule cité avec son territoire; elle doit être placée loin de la mer, et dans de telles conditions à avoir le moins de relations possible avec les cités limitrophes. Les citoyens doivent être partagés en trois ordres : les sages, les guerriers, les mercenaires. Aux premiers, appartiendront le gouvernement et l'instruction de la jeunesse, aux seconds, au nombre de mille, la défense de l'Etat; aux derniers seront dévolus les arts, les métiers et l'agriculture avec les esclaves. Les gens du troisième ordre ne doivent jouir d'aucune considération, ils sont condamnés à pourvoir aux besoins de la communauté, qu'ils travaillent tout le jour et exécutent aveuglément tout ce qui leur sera imposé; qu'ils soient complètement exclus de la vie politique. Que les membres du premier et du second ordre ne touchent pas d'argent, que ceux du troisième ne fassent pas de commerce. Que tous s'asseyent à la même table.

Après avoir donné cette assiette politique à sa société idéale, le philosophe descend aux différentes organisations civiles qui doivent concourir toutes de commun accord à la rendre *une* par l'entremise de la communauté et lui procurer le bien-être. A cette fin, écrit-il, que les unions conjugales ne soient pas à vie, mais ne durent qu'une seule année : que les accouplements ne se fassent pas au choix de l'affection, mais soient réglés par le sort. Que le sort lui-même soit habilement réglé par les sages, de façon à obtenir, par de soigneux croisements du sang, une progéniture bien conformée physiquement. Que les nouveau-nés soient promptement examinés. S'ils promettent bien, qu'on les recueille, si non qu'on les détruise. Les enfants nés d'une femme de quarante ans et au delà, étant naturellement trop débiles, sont tous condamnés à mort. Que ceux qui sont conservés vivants soient portés aux salles que l'État leur aura assignées, et qu'ils soient nourris là indifféremment par les mères, en qualité de nourrices publiques. Que si, en dépit du choix des plus beaux corps, les naissances étaient trop nombreuses, qu'on empêche la génération; si cet expédient ne suffisait pas, qu'on fasse des levées de citoyens et qu'on les envoie fonder des colonies en d'autres pays. L'éducation doit être commune, et les jeunes filles doivent apprendre, à l'égal des jeunes gens, à manier les armes; elles doivent combattre en temps de guerre, chaque fois que le besoin le réclamera. Telle est l'ébauche de la république imaginée par le *divin* Platon comme le *nec plus ultra* de la perfection.

Ce philosophe s'est grossièrement trompé sur la base qu'il a donnée à sa république humanitaire, et par suite toute la construction devait crouler. Il y a trois sortes d'unités parmi les hommes : l'unité de multitude ou sociale, l'unité de famille, l'unité d'individu. La seconde est, de sa nature, plus parfaite que la première, et la troisième plus parfaite que la seconde. Or, Platon ayant décidé que la perfection souveraine d'un État consiste à être *parfaitement un*, il s'ensuit que le législateur doit avoir en vue d'atteindre autant que possible l'unité individuelle, comme celle qui est la plus parfaite. Mais ici se présente un grave inconvénient. Un être quelconque se rend d'autant plus imparfait qu'il se rapproche davantage de son *non-être*. Supposez qu'un législateur resserre peu à peu, par ses lois, l'unité sociale d'une multitude, jusqu'à lui faire réaliser d'abord l'unité familiale, et puis l'unité individuelle, vous vous trouverez en présence d'une société qui non seulement s'est rapprochée de son non-être, mais qui l'a atteint. Elle a en effet transformé son unité *sociale* en unité *familiale*, et puis en unité *individuelle*.

Par conséquent le principe de l'unité la plus complète mise à la base d'une société parfaite par Platon est un principe fallacieux et tellement captieux que lui-même y a été pris. En effet, le plan qu'il nous offre est, à proprement parler, celui d'une société unifiée à la façon d'un individu. Chez l'individu, la tête régit les membres qui suivent aveuglément ses ordres : le bien et le mal sont chose commune. Pareillement au sein de la république de Platon, les sages seuls, en guise de tête, régissent; les autres en guise de membres aveugles leur doivent soumission : tête et membres sont solidaires du bien comme du mal. C'est à ces deux points capitaux que se réduisent tous les détails d'organisation que nous avons décrits plus haut. L'unité se trouve, sans contredit, au sein de cette république, elle y est même dans le sens le plus strict : mais malheureusement ce n'est pas l'unité d'une société, attendu que l'individu n'est pas une multitude associée. Le philosophe a confondu l'unité morale avec l'unité physique. Il s'en est suivi qu'au lieu de nous donner une société rationnelle, comme l'exigeaient les éléments qui la composent, son travail nous a livré une *société-machine* au point de vue de l'ordre politique et une *société bestiale* au point de vue de l'ordre moral. Mais, cet état de choses étant contre nature, la république de Platon, si elle avait été mise en pratique, n'aurait pu durer longtemps.

Le fait est que cette forme de société ne sut pas se concilier la moindre faveur. Aristote en discuta la constitution point par point et la condamna comme illogique, comme dénuée de preuves dans toutes ses parties, comme absolument incapable de former une société bien organisée et heureuse, comme l'avait pensé son auteur. Aristophane la traîna sur la scène dans sa comédie : *l'Assemblée des dames* et en fit joyeusement rire le peuple.

Certaines villes de la Grèce et de la Sicile, voulant se donner de nouvelles lois, refusèrent absolument le régime que leur offrait Platon. Celui-ci, cependant, ne se rendit pas au jugement de l'opinion publique formulée soit par le peuple, soit par les sages de son temps. Mettant le mauvais accueil fait à son œuvre au compte de la corruption des mœurs, il tempéra dans son traité des lois la forme de sa république afin de la rendre accessible aux cités de cette époque. Tout en laissant de côté la communauté des biens, des femmes et des enfants, il fit revivre la famille, sans abandonner, pour cela, résolument le système communiste. La famille pouvait posséder autant de terres, ni plus ni moins, elle pouvait avoir en caisse autant d'argent, pas au delà. La multiplication de la famille était permise jusqu'à tel nombre d'enfants, pas davantage. Le surplus où devait être empêché ou envoyé comme colonie en un autre pays. Les femmes sont admises à prendre part aux fonctions publiques, tout comme les hommes; elles sont tenues de prendre les armes s'il en est besoin, et de combattre avec les hommes l'ennemi commun. La raison qu'en donne Platon est fort simple : *les chiennes*, dit-il, *tout aussi bien que les chiens savent défendre le troupeau*. Cette façon de raisonner ne mérite pas d'être réfutée. La confusion des soins domestiques réservée aux femmes, avec les occupations de l'autre sexe, l'impossibilité de conserver l'égalité des biens parmi des individus si différents d'habileté, d'activité, sont deux faits palpables qui disent clairement que le second travail de Platon, grâce aux emprunts qu'il fait à la forme communiste, n'est autre chose qu'une grotesque caricature d'un gouvernement.

Cependant l'égalité qui est au fond de l'idée communiste ne séduisit pas le seul Platon. Il y en eut d'autres, dans l'antiquité, qui s'y laissèrent plus ou moins prendre. Parmi eux on distingue surtout un certain Phaléas de Chalcédoine. Ce philosophe s'imaginant que les mouvements populaires étaient occasionnés, dans les villes, par l'inégalité des propriétés, en conclut : que celles-ci soient donc partagées également entre les citoyens, et tous seront également contents; mais si cette disposition était aisée à appliquer lors de la fondation de cités nouvelles, elle cessait de l'être dans les anciennes déjà fondées. Phaléas imagina donc un expédient assez simple pour arriver à son but dans le second cas : que les riches, quand ils se marient, ne reçoivent pas de dot, et quand ils marient leurs filles qu'ils en donnent une : que les pauvres reçoivent et ne donnent pas. Le moyen de dépouiller quelqu'un des fruits de sa propre industrie était, en effet, fort simple : si simple que la démocratie contemporaine le reproduit sous toutes les formes, croyant avoir fait une découverte nouvelle, conforme, croit-elle insolemment, à l'encyclique de Léon XIII. Phaléas, tout comme les démocrates modernes, ne porta pas la défense de s'enrichir, mais il mit une limite à ce droit. Nul ne pouvait avoir au delà du quintuple de ce que chacun possédait en vertu du partage légal des biens. Ce système de distribution des richesses appliqué, le but du philosophe de Chalcédoine aurait-il été atteint? Il s'en faut. La convoitise de posséder toujours de plus en plus et l'amour de la famille eussent suggéré mille artifices, des malices sans fin, pour accroître la fortune personnelle en fraude de la loi. Dans l'hypothèse même qu'il n'en eût pas été ainsi, on ne s'en trouvait pas moins en face de ce grave dilemme qui se présente toujours dans tous les tempéraments que l'on veut apporter au communisme : il faut ou bien s'attaquer à la famille, ou bien permettre que la loi entachée de communisme soit annulée comme inutile au but. La raison est évidente par elle-même. Prenons deux familles qui n'aient pas un nombre égal d'enfants. L'une et l'autre, dans l'hypothèse de la loi, ont une portion égale de biens. Supposons à présent que les enfants de l'une, tout comme ceux de l'autre, se partagent le patrimoine légal. Il est manifeste que les portions seront inégales. Donc pas d'issue : ou bien, après avoir déterminé la portion des biens qui doit échoir à chaque famille, il faut fixer en outre le nombre d'enfants qu'elle peut avoir, et, dans ce cas, la famille est gravement atteinte dans sa base; ou laisser la multiplication des enfants à la merci de la nature, et dans ce cas, à raison de l'inégalité des portions qui en résultera, déclarer la loi de l'égalité annulée comme étant inutile.

Solon lui-même paraît avoir été de l'avis de Phaléas. S'en tenant lui aussi au principe de l'égalité des biens entre les citoyens, il montre, dans ses lois, qu'il avait grande confiance en elle, et la considérait comme un moyen propre à maintenir la paix intérieure de l'Etat. D'autres législateurs des républiques de l'antiquité se rapprochèrent plus ou moins du même système. L'un fixait une limite aux achats, l'autre aux ventes. Alors, il y avait défense formelle d'aliéner ses biens, sauf le cas d'une grave calamité juridiquement démontrée. De plus, les patrimoines que le sort avait assignés lors de la répartition des terres à l'époque de la fondation de la cité, devaient demeurer saufs, dans tout événement. Tous ces expédients de lois par rapport à l'égalité des biens réussirent-ils à maintenir la tranquillité au sein de ces républiques de l'antiquité? L'histoire dit que non. Aristote en concluait : que le législateur fasse ce qu'il veut, en cette matière, qu'il imagine tous les moyens possibles pour conserver cette égalité intacte, il n'en aura finalement tiré aucun profit. Et pourquoi? Parce que la cause des troubles et des révoltes n'a pas tant pour cause l'inégalité des biens que les passions. Qu'il mette donc tous ses soins à corriger celles-ci également chez tous, et la paix fleurira chez tous (1). » Grande leçon que donnait ce païen doué d'un

(1) Perspicuum igitur est, non satis esse latorem legis bona civium æquare sed medium animo destinandum. Praeterea vero etiam, si quis certas omnibus rei familiaris facultates præfinierit, nihil proficiet. CUPIDITATES ENIM EXÆQUANDÆ SUNT POTIUS QUAM FACULTATES. *Aristot, Politic.* L. II.

sens philosophique si exquis à nos modernes socialistes et à leurs dupes les modernes démocrates!

On voit, d'après ce que nous avons dit jusqu'ici, que le communisme apparut en Grèce sous la forme absolue et sous la forme mitigée. Le communisme absolu fut mis en pratique en Crète et à Sparte. Platon le soutint et s'en fit le champion au nom de la philosophie. Le communisme mitigé fut essayé à son tour, et préconisé par d'autres législateurs et philosophes. Mais, sous l'une ou sous l'autre forme, ou bien on présentait le communisme comme étant la forme la meilleure ou la plus parfaite, dont on pût faire usage dans la vie sociale, ou bien on conseillait son adoption comme étant le moyen le plus propre à maintenir la paix entre les citoyens. La communauté ou l'égalité en matière de propriété n'étaient pas imposées au nom du droit, il importe de le remarquer, mais au point de vue de la plus grande utilité. De plus : les législateurs de ce temps-là, quand ils recommandaient le communisme, n'avaient nullement en vue de grands États ou de vastes républiques. Leur pensée n'allait pas au delà d'une ville et de son territoire. Il se fait ainsi que le communisme dans l'antiquité, soit au point de vue pratique, soit au point de vue théorique, n'a jamais été présenté que comme *utile*, et *acceptable par l'habitant d'une ville*. On n'a pas songé à l'imposer au point de vue du droit exclusif de toute autre forme.

....

CHAPITRE III

LE COMMUNISME SOUS LA FORME PHILOSOPHIQUE ET RELIGIEUSE AUX PREMIERS SIÈCLES DU CHRISTIANISME

Le communisme prit un tout autre aspect chez les Gnostiques et les Néoplatoniciens, deux sectes des premiers siècles du christianisme. Dans leurs écoles, on ne discutait plus sur la question de savoir quelle était la forme la meilleure à donner à une république, ni sur cette autre s'il était plus avantageux à une population d'être régie par la communauté absolue des biens, ou par la communauté restreinte.

On allait bien au delà. Remontant aux principes fondamentaux de l'ordre social, on établissait comme base inattaquable de toute société politique la communauté absolue, comme sortant du droit naturel lui-même. On sait parfaitement quels ont été les maîtres de la secte gnostique. Les écrivains ecclésiastiques qui les avaient connus, d'après leurs actes et leurs doctrines, nous ont laissé leurs portraits pris sur le vif. Chrétiens de profession à l'origine, ils ont été, par la suite, mis au ban de l'Église à cause de leur orgueil et de leurs inavouables passions. Dans cet état, loin de se corriger, ils sont devenus plus mauvais. Faisant, en effet, un monstrueux amalgame d'erreurs des doctrines philosophiques et religieuses, païennes et chrétiennes, ils se mirent à en répandre le venin parmi le peuple, à l'aide de mystérieuses initiations. Les néoplatoniciens faisant profession publique de philosophie, et se targuant, comme leur nom l'indique, de suivre en cette matière les idées de Platon, essayèrent de remettre en estime la république de celui-ci. On a dit que Plotin, l'un des maîtres les plus éminents de la secte, avait obtenu de Gallien une cité abandonnée de la Campanie, pour y mettre à l'épreuve de l'expérience ses doctrines communistes. Quoi qu'il en soit de ce fait révoqué en doute par les uns et affirmé par les autres, avec cette addition que la ville en question lui avait été donnée d'abord et retirée en suite sur le conseil de quelques malveillants, la vérité est qu'il n'y eut aucune expérience. Arrêtons-nous à présent quelques instants aux Gnostiques.

Si nous nous en tenons aux citations parvenues jusqu'à nous, celui qui se distingue entre tous par sa netteté à nous faire connaître les formules des principes professés par la secte, c'est Epiphane, fils de Carpocrate; de là, la secte gnostique des carpocratiens. Les principes relevant de l'ordre moral et social préconisés par eux étaient au nombre de trois :

1° La bonté ou la culpabilité des œuvres dépend de la manière de voir des hommes : *Sola enim humana opinione negotia mala et bona dicunt* (1).

2° La réglementation fixée par la justice divine consiste dans la communauté des choses : *Cum ergo Deus communiter omnia fecisset... pronuntiavit justitiam, communionem cum aequalitate* (2).

3° Les lois par rapport à la propriété ont rompu le décret divin et sont la cause des délits : *Violata autem communio et aequalitas* (de par les lois) *genuit furem pecorum et fructuum* (3).

Ils ne se contentaient pas d'affirmer ces principes; ils s'étudiaient encore à les prouver. A l'appui du premier, ils disaient que le Seigneur ayant décidé que le salut de l'âme s'obtiendrait par la foi et la charité, à quoi bon, dès lors, se préoccuper du reste? Que chacun croie fermement

(1) *Irenæi* contra Hæreses. Lib. I. C. XXV.
(2) Clementis Alex. stromatum. Lib. III. C. II. — (3) Ibid.

et observe la charité dans la communion universelle des choses, même des femmes, et pour le reste l'homme est libre d'y voir du bien ou du mal (1).

A l'appui du second principe, ils invoquaient certaines lois communes de la nature et raisonnaient en ces termes : la vue du ciel est commune et égale pour tous; la lueur des étoiles l'est aussi; tous les animaux jouissent en commun et également de la lumière du soleil. Y a-t-il quelqu'un qui puisse priver son prochain de sa portion de lumière et doubler la sienne? La terre pareillement germe également pour tous; il en est de même des plantes qui donnent leurs fruits. Selon les diverses espèces d'animaux, il y a la génération et la manière de se nourrir. En un mot, de quelque côté que nous nous tournions, la même conclusion se présente dans le grand livre de la création, et cette conclusion la voici : le règlement divin dans la disposition des choses consiste dans la communauté jointe à l'égalité (2).

Celui donc qui fait la loi et y fixe la propriété de quoi que ce soit viole la loi divine de la communauté (3). Mais qu'on fasse ce que l'on veut, celle-ci est un décret de Dieu que ni la loi, ni la coutume, ni aucune autre organisation ne pourront jamais effacer. *Quam nec lex, nec mos nec aliquid aliud potest abolere : est enim Dei decretum.*

Cette théorie est empruntée dans sa substance au fond de la philosophie grecque, et les gnostiques la répandirent en lui donnant une fausse teinte chrétienne. Nous en avons la preuve dans les *Revues(Recognitiones)*, hypothétiquement

(1) Jesum dicentes in mysterio discipulis suis et apostolis seorsum locutum, et illos expostulasse, ut dignis et assentientibus seorsum haec traderent. Per fidem enim et charitatem salvari : reliqua vero indifferentia cum sint, secundum opinionem hominum, quaedam quidem bona, quaedam autem mala vocari, cum nihil natura malum sit. *Irenæus*, loc. cit.

(2) *S. Clément d'Alexandrie* citant Epiphane. Stromates L. III. Ch. II.

(3) *Id. ibid.*

attribuées à *S. Clément*, un écrit qu'on croit remonter au 2e siècle. Or, au liv. X le vieux Fanstinien prend la parole dans le dialogue : « Chez les philosophes grecs, dit-il, il y a une doctrine chaudement soutenue, d'après laquelle il ne se trouve dans la vie des hommes aucune œuvre, aucune chose qui, de sa nature, soit bonne ou coupable; mais telle que l'usage ou la coutume la fait aux yeux des hommes, ils l'appellent bonne ou criminelle. Il s'ensuit que ni l'homicide, ni l'adultère, ni le vol ne doivent être comptés au nombre des délits. Le premier ne doit pas l'être, parce qu'il délivre l'âme des liens du corps. Le second et le troisième ne doivent pas l'être non plus, parce que l'usage de toutes les choses de ce monde devait être commun à tous; il n'y a que l'injustice qui a fait qu'un tel appelle telle chose sienne et tel autre une autre. C'est de cette façon qu'est advenue la division des choses de ce monde. Le plus sage d'entre les Grecs connaissant, sans contredit, tout cela a pu affirmer qu'entre amis toute chose doit être commune, et dans ces mots *toute chose* sont certainement comprises aussi les femmes. Et de même qu'on ne saurait diviser ni l'air, ni la lumière du soleil, de même aussi les autres choses données en commun aux hommes ne doivent pas être divisées. Ainsi parlait Fanstinien (1).

La similitude des deux théories est saisissante. Les gnostiques enseignaient absolument la même doctrine que les philosophes de leur temps. Le communisme absolu, celui des personnes aussi bien que des choses, était une doctrine commune aux deux écoles. Les gnostiques y ajoutaient de leur cru, le mensonge et la fourberie, en le faisant passer, parmi les fidèles, pour une doctrine révélée par le Christ. Les plaintes élevées contre ce procédé par S. Irénée et

(1) Clément. Recognit. Lib. X ch. V.

S. Clément d'Alexandrie prouvent que leur artifice causait la perte de plusieurs qu'ils réussissaient à séduire. Pour obvier à ce mal, il fallait leur arracher leur masque de christianisme fictif. C'est ce qu'ont fait les deux Pères que nous venons de nommer, et d'autres écrivains de leur temps. Comment, en effet, pouvait-on dire sérieusement que les trois principes que nous avons allégués au début de ce chapitre sont des rejetons de la doctrine chrétienne, alors que la loi divine et la parole explicite de Jésus-Christ condamnent comme criminels en soi certaines affections du cœur et certains désirs? Si les désirs sont déclarés iniques et traités de péchés, à plus forte raison faut-il en dire autant des actes qui y correspondent. Donc tous leurs sophismes et toute leur habileté hypocrite croulent devant la lumière de la doctrine du Décalogue et de l'Evangile. Ils disent que la division et l'appropriation des biens sont iniques, par la raison que la nature les a donnés en commun. Principe étrangement erroné! Les hommes, en effet, ne pouvant se servir des dons de la nature autrement qu'en les divisant et en se les appropriant, il faudrait dire que la nature, tout en offrant ses dons, met les hommes en état de ne pas pouvoir s'en servir.

Le vieux Fanstinien, dans sa citation, fait une allusion manifeste à Platon, qui, tout en disertant sur la meilleure forme sociale, n'avait garde cependant de se faire passer pour un envoyé du Ciel. Il y en eut d'autres même parmi les gentils qui aux premiers siècles de l'Église, en prêchant le socialisme, résolvaient la question au nom de l'autorité divine, et le droit naturel à la main. Les prédications communistes du néopythagoricien Apollonius de Thyane sont célèbres dans l'histoire. S'étant livré au métier d'apôtre de l'humanité souffrante, il parcourait l'Asie Mineure et la Grèce, répandant partout la doctrine de la communauté des biens. Parleur infatigable, il dressait sa chaire dans les réduits, sur les places, sur la voie publique, dans les temples et partout où une réunion de personnes lui en fournissait l'occasion, et prêchait à haute voix les doctrines communistes comme étant basées sur le droit naturel. Mais pour donner à sa parole plus d'autorité et pour que le résultat correspondit aux fatigues qu'il s'imposait, il n'hésitait pas à faire intervenir la religion et à se donner pour un envoyé du Ciel, renforçant même son autorité par des prodiges combinés avec habileté. Un jour qu'il parlait aux gens d'Ephèse, une troupe de passereaux s'étant abattue sur les branches d'un arbre qu'il avait à ses côtés se tint coi comme paraissant l'écouter. Lorsque voici venir d'un autre côté en poussant des cris un nouveau passereau. Alors, comme à un signal donné, un tapage à couvrir la voix de l'orateur se fait entendre parmi ces oiseaux, et toute la troupe disparaît en un moment. Vous désirez connaître, reprend l'orateur, le motif de ce qui vient de se passer tout à l'heure. Le voici : Un homme a laissé tomber un sac de grain, et il ne l'a pas si bien ramassé qu'il n'en soit resté quelque chose sur le sol. Le passereau tapageur s'en étant aperçu s'est empressé de communiquer la nouvelle à ses compagnons et de les inviter à profiter de la bonne fortune. Vous voyez donc que la communauté se pratique parmi eux, tandis que nous, nous la dédaignons. Ils s'aiment et se viennent en aide, tandis que nos riches ressemblent plutôt aux poules que l'on engraisse. Car à la façon de celles-ci, retirés dans leur cage, ils engloutissent toutes leurs richesses, jusqu'à en mourir, tandis que leurs frères meurent de faim. Il mourut sous le règne de Néron; Adrien recueillit ses lettres et Caracalla lui décréta des honneurs divins; mais ni ces empereurs ni d'autres ne songèrent à expérimenter l'effet de ses théories (1).

(1) *Pierre Leroux*. Encyclopédie nouvelle. V. *Apollonius*.

Un autre communiste du nom de Zendic apparut en Perse. Se donnant l'air d'un homme inspiré, il enseignait qu'il n'y avait au monde d'autre propriétaire que Dieu; le mariage n'existait pas; tout était commun; tous jouissaient en ce monde d'un droit égal; il n'était permis à personne de dire : Ceci est ma propriété, celle-ci est ma femme, celle-ci est ma fille; de pareils droits individuels n'existent pas. Les sectateurs de cette théorie se multiplièrent, et s'étant emparés de l'empire, ils y causèrent les plus funestes perturbations sociales (1).

A Alexandrie le communiste prit le manteau du philosophe, et ouvrit école. La doctrine que la propriété est un vol y fut enseignée. Plotin mit également à son service la chaire qu'il occupait à Rome, et la grande autorité qu'il y exerçait (2).

Mais si l'on parla beaucoup, et si l'on fit de belles phrases en l'honneur du communisme, le résultat fut nul. On admirait Apollonius, on portait aux nues l'école néoplatonienne; mais ni le zèle de l'un, ni l'estime scientifique dont jouissait l'autre ne purent engager à faire accepter ce qui en Grèce et à Rome était déjà connu comme une doctrine destructive de tout ordre social. Que si Zendic y réussit pendant un certain temps, c'est que, par ses artifices, il avait réussi à captiver l'esprit du roi, et à le dominer.

Donc, le communisme, sous la forme philosophico-religieuse qu'il prit aux premiers siècles du christianisme, ne réussit pas mieux que le communisme païen. Fondé sur le mensonge et l'imposture en religion, sur l'erreur en droit, il put réunir, à la vérité, un groupe d'individus, mais non pas des sociétés entières, si ce n'est par la violence comme en Perse.

(1) Voir *Thonissen*. Le Socialisme depuis l'antiquité, pages 142, 143, en note.

(2) *Jules Simon*. Histoire de l'école d'Alexandrie. — Porphyre, Vie de Plotin.

CHAPITRE IV

LE COMMUNISME SOUS UNE FORME CHRÉTIENNE MENSONGÈRE EN THÉORIE

Quand la société païenne se fut peu à peu transformée en société chrétienne, le communisme jeta le masque de la philosophie antique et de l'imposture religieuse, et prit celui de l'Évangile. C'est dans cette attitude qu'il se présenta devant le monde avec une théorie basée sur l'hypocrisie.

Les premiers à en faire usage ce furent les partisans d'une secte qui vit le jour dans certains endroits de la Phrygie, de la Cilicie et de la Pamphilie. Prenant le nom *d'Apostoliques* et l'autre de *Rénonciateurs*, ils prêchaient qu'il n'était pas permis aux vrais disciples du Christ de posséder quoi que ce soit. Ils donnaient pour preuve de leur dire l'exemple de Jésus-Christ et des apôtres, se vantaient de leur pauvreté absolue, et condamnaient tous les fidèles qui ne suivaient pas leur enseignement.

Mais quand, en fait de religion, on met le pied sur le bord du précipice, on ne tarde pas de rouler au fond de l'abîme. C'est ainsi que les apostoliques, parmi les autres erreurs qu'ils propageaient, condamnèrent aussi le mariage et, avec lui, la famille. On se figure aisément les détestables conséquences qui s'en suivirent. S'étant acquis la confiance des simples sous ce masque de renoncement à tous les biens temporels, ils assouvissaient plus librement leurs infâmes convoitises.

Ils ne prêchaient pas, il est vrai, le communisme. Mais, étant donnée l'obligation de renoncer à toute propriété individuelle, pour tous ceux qui se faisaient chrétiens, la nécessité du communisme s'en suivait tout naturellement.

En effet, personne d'une part, ne pouvant avoir rien en propre, et d'autre part, chacun se trouvant dans la nécessité de manger, de boire, de se vêtir et de se loger, il devait y avoir quelqu'un qui fût chargé d'être le collecteur et le dispensateur des fruits provenant du travail imposé aux individus. S. Epiphane réfute excellemment les principes erronés prêchés par ces sectaires, et notamment l'illicéité de la propriété privée, et la condamnation du mariage (1).

Les hérésies constituent une espèce de détestable engeance, dans laquelle les plus récentes, récoltant chez les plus anciennes, portent néanmoins le cachet de quelque autre nouveauté qui les distingue. Ainsi, de même que les *Apostoliques* s'approprièrent différentes erreurs des *Encraticiens*, des *Tatiens*, et d'autres avec des additions hérétiques de leur cru, de même aussi, les *Pélagiens* empruntèrent aux Apostoliques les deux erreurs indiquées plus haut, en y ajoutant les leurs propres. Au commencement du ve siècle, ayant fait secte en Sicile et en d'autres pays assez nombreux, ils y répandaient la très grande erreur que voici : « Le riche qui demeure en possession de ses richesses ne peut, à aucun prix, entrer dans le royaume de Dieu, s'il ne se décide pas à vendre toute chose. L'observance la plus rigoureuse de la loi divine ne saurait lui servir de rien, pour l'acquisition de la vie éternelle (2). »

La différence qu'il y avait entre les Pélagiens et les Apostoliques, dans la profession de la même erreur, consistait dans la preuve qu'ils en donnaient. Tandis que les premiers faisaient appel à la vie des apôtres, les seconds

(1) Adversus haereses. Lib. II. Hæreses XLI ou LXI.

(2) Quidam christiani apud Syracusas exponunt dicentes... divitem manentem in divitiis suis, regnum Dei non posse ingredi, nisi omnia sua vendiderit; nec prodesse eidem posse, si forte ex ipsis divitiis fecerit mandata. Epist. *S. Augustini* 156.

au contraire citaient les paroles adressées par Jésus-Christ à un jeune seigneur : *Si tu veux être parfait, va, vends tout ce que tu possèdes, distribue-le aux pauvres, et tu auras un trésor dans le ciel; viens et suis-moi.*

Un certain Hilaire de Syracuse demanda sur ce point une instruction à S. Augustin, qui la lui donna complète dans une lettre où l'erreur des Pélagiens est réfutée, en même temps que le saint Docteur y renverse une autre fois le principe qui aurait imposé à la société chrétienne la nécessité d'un communisme obligatoire (1).

Après les Pélagiens, la doctrine communiste follement basée sur l'Évangile et sur l'exemple de Jésus-Christ et des Apôtres fut muette pendant plusieurs siècles. Elle reprit, pour ainsi dire, une vie nouvelle au XIIe siècle par le fait de la secte des Vaudois inaugurée par un certain Pierre Valdo, marchand de Lyon. Ses adeptes devaient, à l'exemple de leur chef, se dépouiller de tout leur avoir, se vêtir pauvrement et mener une vie semblable à celle des apôtres. A l'origine, ils se contentèrent de prêcher en public et en particulier, bien qu'ils fussent laïques, et d'usurper certains autres ministères inférieurs qui sont de la compétence exclusive du sacerdoce. Plus tard, élargissant les prétentions de leur audace, ils se mirent à administrer les sacrements les plus vénérables de l'Église. Condamnés par plusieurs conciles provinciaux, notamment par celui de Tours en 1175 ou 1176, par celui de Lombes en 1178, par celui de Toulouse en 1178, par plusieurs papes (2), et enfin par deux conciles œcuméniques, le troisième et le quatrième de Latran, au lieu de se rétracter, ils entrèrent en fureur et se déchaînèrent contre les papes, les évêques et le clergé qu'ils qualifièrent de *fils de perdition*, parce qu'ils possédaient, contrairement à l'exemple

(1) V. Epist. 157.
(2) Alexandre III, Grégoire IX. Cap. Excommunicamus 15 de hœretic.

du Christ et des Apôtres. Les déclarant, pour cette cause, coupables de faute grave, ils en conclurent qu'ils étaient déchus du saint ministère et que par conséquent leurs pouvoirs et les sacrements qu'ils administraient étaient nuls. Considérant que les laïques de l'Église romaine étaient propriétaires aussi, ils en conclurent, sans plus, que cette Église était corrompue et corruptrice, c'est-à-dire qu'elle n'était plus l'Église de Jésus-Christ, laquelle ne se trouvait plus en fait que chez les Vaudois comme professant la pauvreté que Jésus-Christ et les Apôtres avaient enseignée par leur parole et leur exemple.

Au fond, ces nouveaux hérétiques appelés aussi *pauvres de Lyon*, du lieu où ils étaient nés, et de l'aspect sous lequel ils étaient apparus, renouvelaient l'erreur des Apostoliques et des Pélagiens, en ayant recours à peu près aux mêmes arguments. Eux aussi, à l'erreur contre la propriété, ajoutaient des doctrines contraires aux bonnes mœurs. C'étaient, du reste, des gens corrompus au plus haut degré. Le V. P. Moneta, de l'Ordre de Saint-Dominique, a écrit un beau volume pour réfuter leurs erreurs (1).

La contagion de l'erreur, loin de s'affaiblir, alla en augmentant. En même temps que les Vaudois, on vit surgir et se grouper des sectes, des sectaires, des noms, et des chefs d'hérétiques. Ce fut une lutte acharnée de l'erreur contre la vérité chez toutes les nations, dans tous les pays et à peu près dans chaque ville. Une hérésie tombée, il en surgissait une autre; celle-ci abattue, la précédente reparaissait sous une nouvelle forme. De là cette confusion entre les différentes sectes, cette réunion en un seul faisceau des noms de différentes sectes hérétiques qui se rencontrent à l'époque du moyen âge.

(1) Vener. P. *Moneta* cremonensis, ordin. praedic. adversus Catharos et Valdenses, libri 5, quos ex mss. nunc primum edidit Fr. Th. Aug. Ricchini etc. Romæ 1743. Voir aussi *Mons. André Charvaz*. Origine des Vaudois et de leurs doctrines primitives.

Apparence mensongère de perfection évangélique, rébellion contre l'autorité, corruption excessive de mœurs, tels sont les vices qui constituent comme le fond, le substratum de toute nouvelle secte sur lequel s'étendaient par après les doctrines les plus criminelles et les plus étranges qui pussent germer dans l'esprit humain. Chez toutes, au nom de la pauvreté évangélique, on voyait apparaître quelque erreur contre la propriété individuelle. Dans toute cette fourmilière de sectes, nous nous contenterons d'en nommer deux qui se rapportent plus spécialement à notre sujet, celle des *Fraticelles* et celle des *Dulciniens*.

La première eut pour fondateurs quelques mauvais religieux ayant à leur tête Jean Olivi; elle se multiplia, grâce à la pauvreté rigide dont elle faisait un étalage imposteur. Elle naquit dans la Marche d'Ancône, s'étendit dans les Abruzzes et envahit la Sicile. De là, elle pénétra en Toscane et d'autres contrées du Nord de l'Italie. Elle infecta aussi la Bohême et la Pologne. La condamnation la plus solennelle qui l'atteignit fut celle du pape Jean XXII, dans son Encyclique de 1318 (1). Le Pape, après y avoir donné un abrégé de l'histoire de la secte, expose les erreurs principales de celle-ci et les réfute l'une après l'autre. La première consistait à imaginer deux Églises : l'une charnelle, vivant dans l'opulence et les délices, souillée de crimes, sur laquelle dominaient le Pape et les prélats; l'autre spirituelle, pure par sa frugalité, belle par ses vertus, portant la ceinture de la pauvreté. Eux seuls et leurs adhérents se trouvaient dans cette église. La seconde erreur affirmait que les évêques et tous les autres ministres de l'Église étaient privés de tous pouvoirs soit au for extérieur, soit au for intérieur, soit pour la confection des sacrements, soit pour tout autre acte exigeant de l'autorité,

(1) Rinaldi ad ann. 1318 n. 45.

attendu que celle-ci était passée tout entière dans leur congrégation, en même temps que la sainteté ; finalement la cinquième affirmait que l'Évangile avait revécu d'une façon complète au sein de la secte des Fraticelles, attendu que son observance était éteinte depuis longtemps (1).

Quant à leur morale, on la connaît. Toutes les passions les plus honteuses étaient honnêtes. De ces affirmations, si grossièrement erronées posées comme prémisses, découle immédiatement la conséquence que la société chrétienne doit être civilement constituée sous la forme communiste ; c'est l'application complète de l'Évangile qui le réclame sous peine de décadence et de transformation sociale de l'Église, de spirituelle en charnelle, sous peine enfin de la ruine totale de l'Église établie par Jésus-Christ.

La secte des Dulciniens, qui surgit dans la seconde moitié du XIIIe siècle, fut plus explicite encore en matière de communisme. Segarelli de Parme en fut le premier auteur, et l'ardent propagateur en Lombardie où plusieurs villes furent infectées. Condamnée d'abord par le pape Honorius IV, en 1285, puis par le pape Boniface VIII, et la justice ayant fait exécuter le maître, elle se releva de tous ces coups et, sous la conduite de *Dulcino* d'Ossola, elle commit les

(1) Voici le texte de la bulle de Jean XXII : Primus igitur error qui de illorum officina tenebrosa prorumpit, duas fingit ecclesias, unam carnalem, divitiis pressam, effluentem deliciis, sceleribus maculatam, cui Romanum praesulem aliosque inferiores praelatos dominari asserunt ; aliam spiritualem, frugalitate mundam, virtute decoram, paupertate succinctam, in qua ipsi soli, eorumque complices continentur, cui etiam ipsi spiritualis vitae merito principantur. Secundus error quo praedictorum insolentium conscientia maculatur, venerabilis ecclesiae sacerdotes aliosque ministros sic jurisdictionis et ordinis clamitat auctoritate esse desertos, ut nec sententias ferre, nec sacramenta conficere, nec subjectum populum instruere valeant vel docere... Quintus error sic istorum hominum mentes excaecat, ut evangelium Christi in se solis hoc in tempore asserant esse completum, quod hactenus abjectum fuerat, imo prorsus extinctum.

plus horribles excès en paroles et en actes. » Dans le comté de Novarre, écrit S. Antonin parlant de cette époque, a surgi une détestable hérésie dont le chef ou l'auteur était un certain Dulcino. Semant la zizanie de funestes erreurs parmi le grain, il affirmait entre autres que *toutes les choses étaient communes, et même* les femmes, et qu'on ne commettait pas de péché, en usant d'elles avec promiscuité, que c'était au contraire un acte de charité; que le Pape, les cardinaux et les évêques n'étaient pas de vrais pasteurs de l'Église, puisqu'ils ne menaient pas la vie évangélique; qu'il était lui le véritable apôtre du Christ et digne de la Papauté, et d'autres impiétés monstrueuses pareilles à celles-là (1).

Ces enseignements à la main, il entraîna à sa suite plusieurs milliers d'hommes et de femmes, et, se disant le chef de la congrégation apostolique de Novarre, il envoyait des lettres encycliques par toute la chrétienté à la façon des papes, y exposant et y inculquant ses doctrines personnelles. Lui et ses adhérents se tenaient dans les montagnes, et de temps à autre il dépêchait un groupe des siens pour se fournir du nécessaire sur les terres d'autrui, comme si elles lui appartenaient. Les condamnations apostoliques ne suffisant pas à réduire ces bandes, on fut forcé d'en venir aux armes. Celles-ci dissipèrent cette canaille communiste; le chef fut fait prisonnier et paya la peine de ses dévastations (2).

L'erreur de cette secte était basée sur une étrange espèce de charité évangélique, telle que ses maîtres se l'étaient faussement imaginée à l'origine. D'après eux, le règne du Christ avait cessé, son Église déchue avait cédé la place à celle de l'Esprit-Saint. Mais celui-ci étant la charité

(1) S. Anton. Part. III, Tit 21, C. 1.

(2) On peut voir au T. IX des historiens italiens de Muratori deux opuscules où toute l'histoire de Dulcino est racontée par le menu.

souveraine et l'amour souverain, toute chose, dans son Église, devait être réglée en conformité de la loi de la charité.

L'Évangile recevait par là son complément et il le recevait tout juste dans la nouvelle secte en qui se manifestait au monde la nouvelle Église de l'Esprit-Saint. Mais sa réalisation était incompatible avec le partage des biens en propriété privée, et avec la possession de domaines. Donc l'un et l'autre devaient être supprimés. Nous avons à ce sujet deux propositions du sectaire Soulechat exprimées en des termes d'une crudité qui ne laisse aucun doute. La première est énoncée en ces termes : « Cette loi bénie et plus que bénie de l'amour supprime toute propriété et tout domaine. » La seconde dit : « Le renoncement cordialement réalisé de tout pouvoir temporel, domaine et autorité, indique et constitue un état très parfait. » Ces deux propositions furent condamnées par le pape Urbain V en 1368; elles reçurent toutes deux la même flétrissure de fausses, erronées, hérétiques, sauf que pour la seconde, les mots doivent être entendus dans un sens universel, comme les sectaires les entendaient en effet (1). Donc les principes fondamentaux du communisme ne pouvaient être plus clairement exprimés. La communauté universelle de toutes les choses, sans que personne ne s'élève au-dessus des autres pour cause de quelque propriété ou de domaine privé, en ressort à toute évidence.

Jusqu'à ce moment, on avait préconisé le principe du communisme et la rébellion contre l'autorité de l'Église seulement. *Wicleff* et ses adhérents allèrent plus loin. Il nous donna dans ses doctrines l'idée d'une société communiste,

(1) I. Hœc benedicta, imo suprabenedicta lex amoris aufert proprietatem et dominium — *falsa, erronea, hœretica*. II. Actualis abdicatio cordialis voluntatis et temporalis potestatis dominii seu auctoritatis statum perfectissimum ostendit et efficit — *universaliter intellecta falsa, erronea, hœretica*.

et si l'Angleterre n'en goûta pas les premiers fruits, ce fut une grâce signalée de la divine Providence.

Avant de fonder le communisme en pratique, il fallait se débarrasser de plusieurs obstacles. Le premier et le plus fort était l'autorité de l'Église. Wicleff l'assaillit, essayant de la renverser avec l'aide du pouvoir civil. Il enseignait, à cet effet, qu'il ne fallait pas obéir aux prélats, ceux-ci ayant été investis du pouvoir qu'ils ont par Constantin. Le Pape, les évêques et les prêtres, au contraire, doivent être soumis aux princes laïques. Aucune charge ne peut être imposée aux populations, avant qu'on ait épuisé les biens de l'Église laissés au profit des pauvres, et non du clergé déchu de sa pauvreté primitive. Finalement le prince encourt l'excommunication si, dans son gouvernement, il se sert de quelque façon que se soit de l'intervention du prêtre.

Bref, il voulait une Église esclave, pauvre à l'excès et avilie dans le commerce humain. Figurez-vous un Pape ou un prélat à qui nul n'est tenu d'obéir, auquel le prince peut commander et qui, étant sans un denier, se trouve condamné à vaguer comme un mendiant, sans avoir, par principe, aucune ingérence sociale. Tel est le Pape, l'évêque, le prêtre voulu par Wicleff. Voici son argument : « Nous devons obéir au sacerdoce, lui laisser les biens, l'employer au service de l'État, pour autant qu'il appert de la Sainte Écriture que ceci doit ou peut se faire. Mais rien de pareil n'appert; tout au contraire. Donc, non seulement nous ne sommes pas tenus de faire cela, mais nous sommes obligés de ne pas le faire. En agir autrement, ce serait préférer l'Antéchrist à Jésus-Christ. »

Le second obstacle à faire disparaître, c'était l'autorité laïque. Wicleff lui porta aussi des coups vigoureux, en enseignant : qu'on ne peut considérer comme seigneur de quoique ce soit quiconque n'est pas en état de grâce, attendu que l'homme en état de péché mortel est tout à fait incapable de tout domaine; si le prince civil outrepasse la limite de ses pouvoirs, il perd tout droit de seigneurie, il encourt l'excommunication, il est privé de tout domaine et doit être jeté dans une prison perpétuelle. Le prince en état de péché mortel n'est prince que de nom; il en est de même pour le Pape et les prélats.

La propriété du pouvoir est, du reste, de sa nature, entachée de péché, et Dieu n'approuve pas que quelqu'un domine ou juge dans l'ordre civil. Mais qui donc jugera si le prince est en état de grâce ou de péché? Qui aura le droit de décider quand il outrepasse la limite de ses pouvoirs? Une doctrine pareille étant prêchée au peuple, il s'ensuit qu'un jugement si grave lui appartient. Voilà donc la souveraineté populaire établie avec le droit de s'insurger et de renverser toute autorité quand il plaira aux masses. Si l'on ajoute à cela la théorie de la culpabilité qu'entraîne toute propriété individuelle, et celle de la désapprobation dont Dieu frappe tout principat même individuel, on verra que la république socialiste fondée sur l'égalité annonce déjà son arrivée.

Et cependant le sectaire ne s'arrêta pas encore là. Afin d'abattre d'un seul coup toute autorité, il prêcha la doctrine de la liberté absolue. Il appliqua d'abord ce principe aux lois de l'Église obligeant les prêtres et d'autres à certains actes du culte, à certaines heures et en certains lieux fixés. Puis, il l'étendit au célibat des prêtres, et finalement au mariage. La peur le fit parler autrement des lois civiles. Mais, une fois jeté dans le peuple, le principe que l'homme rendu libre par le Christ n'est soumis à aucun lien qui contraigne ou limite, d'une façon quelconque, la liberté acquise, il ne peut tarder à porter ses fruits, même en matière de lois civiles. C'est aussi ce qui est arrivé. Les disciples de Wicleff, se prévalant des doctrines qu'ils avaient apprises chez un si grand maître, se mirent à les prêcher parmi le peuple, et à conspirer pour les traduire en actes. Dans le même temps, et en différents endroits fort distants les uns des autres, éclata une terrible révolte. Le corps principal de ces insurgés composé d'au delà de cent mille hommes était commandé par Tayler, et un disciple de Wicleff, Jean Baleus, l'animait à la lutte contre le roi et les grands en faveur du communisme. Voici un passage de la harangue que Baleus tint au peuple en armes : Citant d'abord le proverbe anglais : « Quand Adam bèchait la terre et qu'Eve filait, où était alors le gentilhomme? » il poursuivit en disant : que la nature avait à l'origine créé les hommes égaux; qu'une oppression inique, contraire à la volonté divine, avait introduit la servitude; que si Dieu avait voulu la condition servile, il aurait dès l'origine du monde décidé qui devait être serviteur et qui patron. L'armée réunie en ce moment avait à considérer que Dieu lui offrait à cette heure une excellente occasion de secouer le joug, de reconquérir la liberté et de jouir de ses fruits. Soyez donc, ajoutait-il, tous hommes de cœur, et de même qu'un bon père de famille, en cultivant son champ, en extirpe les mauvaises herbes qui nuisent au bon grain, vous autres aussi, hâtez-vous à présent de massacrer d'abord les grands du royaume, puis les juges, les justiciers et ceux qui gouvernent la patrie, et finalement tous ceux que vous savez être nuisibles à la communauté. Vous arriverez à la fin à conquérir la paix et la sécurité pour l'avenir, *si après avoir fait disparaître les plus grands, il y a entre vous égale liberté, égale noblesse, égale dignité, et pouvoir égal* (1). Ce discours de Baleus nous présente, sous la forme substantielle, le communisme basé sur l'égalité. C'est d'une évidence frappante.

(1) Voy. Walsingam in Rich. II. — Harpsfeld in Wicleff Hist, Thomas Waldensis, t. II, C. 81, art. 3.

Il est aisé de voir de quelle nature étaient les principes sur lesquels Wicleff et ses disciples basèrent la théorie sociale du communisme. Ces principes sont au nombre de trois et d'un caractère religieux. *Le premier*, c'est qu'il faut admettre ce que la Sainte Écriture déclare obligatoire, et ne pas admettre ce qui, d'après elle, ne l'est pas. Or, il est impossible de démontrer par la Sainte Écriture qu'il faut obéir aux prélats; qu'ils possèdent licitement, donc il ne faut pas leur obéir, et il faut les dépouiller de tout ce qu'ils ont. *Le second*, c'est que le Christ étant né pauvre et humble, et ayant prêché la pauvreté et l'humilité, a fait voir qu'il désapprouve que l'on possède des richesses, et en particulier qu'on ait des seigneuries temporelles. Donc il faut supprimer les unes et les autres dans la société, et en priver ceux qui en jouissent, parce que c'est un fait entaché de péché, puisqu'il est contraire au droit social établi par le Christ. *Le troisième*, c'est que le Christ nous a remis tous également en liberté, et que Dieu nous a créés tous égaux. Donc, à bas toute contrainte et toute inégalité sociale! Voilà en substance à quoi se réduit toute la théorie que nous avons décrite plus haut. Mais il n'est guère difficile de prouver qu'elle n'est qu'une misérable imposture.

Le premier principe, en effet, est faux *en lui-même* et *dans sa conséquence*. *En lui-même*, puisqu'il y a bien des choses que nous sommes obligés de faire sans qu'elles soient ordonnées dans la Sainte Écriture. *Dans sa conséquence*, puisque Jésus-Christ a prêché le devoir de la soumission aux autorités légitimes, et en a donné un lumineux exemple durant sa vie; puisque saint Pierre, à la suite de son divin Maître, a enseigné la même doctrine dans ses lettres. — Le second principe est pareillement faux, parce que Jésus-Christ n'a pas ordonné qu'on se dépouillât de ses richesses; il en a seulement donné le conseil à ceux qui voudraient entrer dans la voie de la perfection. Les saints Apôtres Pierre et Paul ont écrit de sages instructions pour les riches comme pour les pauvres, considérant l'une et l'autre condition comme étant naturelle au sein de la société. Si Jésus-Christ naquit et vécut pauvre et humble, ç'a été pour enseigner au monde que les biens éternels méritent toute l'estime des hommes, et pour donner l'exemple des plus héroïques vertus. Il n'a pas non plus réprouvé la supériorité du sang ou de la fortune, mais l'orgueil chez ceux qui en sont investis. — Le troisième principe est faux aussi. Le joug, en effet, dont le Christ nous a délivrés, ce n'est pas celui de la soumission aux autorités légitimes, mais l'esclavage du péché. Dieu, à la vérité, a créé tous les hommes égaux par nature, mais non pas par leurs qualités individuelles. Or, c'est de là que toutes les distinctions sociales qui existent tirent leur origine. Il est par conséquent manifeste que Dieu les a eues en vue dans la création de l'homme, et que par suite la parfaite égalité communiste est un rêve de cerveaux dévoyés.

Une dernière observation pour finir. Wicleff et ses adhérents attaquèrent d'abord les prélats ecclésiatiques, et les biens du clergé, puis, par un passage fort naturel, ils se mirent à assaillir les autorités civiles et les propriétés des citoyens. Abattre le pouvoir ecclésiastique, c'est abattre aussi le pouvoir civil. Le premier abattu, il faut que le second tombe.

....

CHAPITRE V

LE COMMUNISME, SOUS UNE FORME MENSONGÈREMENT CHRÉTIENNE, EN ACTION

La Réforme du XVIe siècle nous donna l'effrayant spectacle du communisme en action. Elle réalisa, par les Anabaptistes, ce que Wicleff avait commencé (1). Le procédé suivi en Allemagne fut le même que celui dont on avait usé en Angleterre. La révolution dans l'ordre religieux d'abord, puis dans l'ordre social. Luther nia que dans l'Église il existât ou dût exister une autorité extérieure quelconque. « Parmi les chrétiens, disait-il, il n'y a aucun supérieur, sauf le Christ, seul et unique supérieur. Aucune autorité ne peut subsister là où, tous étant égaux, tous ont les mêmes droits, le même pouvoir, le même bien, le même honneur. » Il en tirait la conséquence que les évèques n'ont aucune autorité d'ordonner quoi que ce soit à la communauté, sans que celle-ci ne l'ait approuvé, et n'en ait permis la promulgation. Le chrétien, dit-il en un autre endroit, en tant qu'il a la foi au dedans de lui, est seigneur souverain, et ne doit obéir à personne.

Appuyé sur le même argument de l'égalité, Müncer, le chef et l'oracle des Anabaptistes, raisonnait ainsi : « Nous sommes tous frères, et nous n'avons qu'un père commun dans la personne d'Adam. D'où provient donc cette différence de grades civils et de biens que la tyrannie a introduite entre

(1) Luther avait enseigné que la justification dépend uniquement des mérites de Jésus-Christ que l'homme s'applique par la foi. De ce principe hérétique Storck conclut : donc les enfants étant incapables de faire un acte de foi quelconque, le baptême ne leur sert de rien, et par suite les adultes baptisés étant enfants doivent être rebaptisés; de là le nom *d'anabaptistes* ou *rebaptiseurs*.

nous et les grands du siècle? Pourquoi gémirions-nous dans la pauvreté, pourquoi serions-nous opprimés sous le poids du travail, tandis que les riches nagent dans les délices? Eh quoi? N'avons-nous pas droit à l'égalité par rapport à ces biens qui, de leur nature, ont été créés pour qu'ils soient partagés, sans distinction, entre les hommes? La terre est un patrimoine commun dont la portion qui nous revenait nous a été enlevée. L'avons-nous peut-être cédée? Qu'ils nous montrent le contrat. Rendez-nous, ô riches du siècle, rendez-nous, avares usurpateurs, les biens que vous détenez injustement. Et ce n'est pas uniquement en tant qu'hommes que nous avons droit à une distribution égale des biens de la fortune, c'est encore en tant que chrétiens. Quand la religion était à peine née, n'avons-nous pas vu les Apôtres se préoccuper des besoins des frères, et d'après ceux-ci distribuer l'argent qu'on mettait à leurs pieds? Ne verrons-nous donc jamais renaître de si beaux jours? Le bercail de Jésus-Christ continuera-t-il à gémir sans fin sous la puissance du clergé, et sous la puissance des laïques? » Nous sommes tous égaux, écrit Luther, dans l'ordre de la rédemption : pourquoi quelques-uns, en petit nombre, auraient-ils le devoir d'obéir? Les deux choses ne sauraient marcher de pair, ce serait une absurdité. Tous nous sommes égaux, s'écriait Müncer, tant dans l'ordre naturel que dans l'ordre religieux, puisque tous nous sommes nés d'un même père, et rachetés par un même Christ. Pourquoi donc un petit nombre d'individus jouiraient-ils du patrimoine commun, tandis que tous les autres seraient condamnés au travail et à la misère? L'absurdité est plus que palpable.

Cependant à la fin du compte les deux autorités étaient constituées et agissaient. Les accusations et les arguments en paroles seulement ne suffisaient pas pour les abattre. Il fallait un mouvement révolutionnaire qui les renversât par la violence. Luther, afin d'y animer les esprits, composa un écrit furieux auquel il donna par mépris le titre de Bulle. Il y sommait le peuple de s'insurger, de se jeter sur les évêques et les évêchés, d'y porter la dévastation et d'extirper du monde leur gouvernement. Ceux qui pour cette œuvre, ajoutait-il, prêteraient leur aide, y sacrifieraient leurs biens, leur réputation et leur vie, seraient des enfants chéris de Dieu et de vrais chrétiens fidèles aux préceptes divins (1).

Enhardi par ce langage du maître, l'anabaptiste Pélarge parcourait les campagnes de l'Allemagne, criant d'une voix de stentor aux paysans : qu'il voyait poindre une ère nouvelle où, les impies détruits, régnerait et gouvernerait la vraie justice, au sein d'une paix perpétuelle et d'une tranquillité complète. Il était nécessaire, pour en arriver là, de fouler aux pieds le serment prêté aux supérieurs, de professer la liberté évangélique, de tomber sur les magistrats des villes et sur les princes, de les faire disparaître tous du monde par le fer et le feu, de massacrer ou de bannir les évêques et les pasteurs et de s'emparer de leurs biens qu'ils possédaient injustement. Müncer, peu satisfait des arguments que nous venons de citer, écrivait, à l'exemple de Luther, des lettres de feu où il engageait les populations à prendre les armes et à courir sus aux magistrats des villes et aux princes et à en faire un carnage universel, sans miséricorde et sans pitié. C'était là la guerre du seigneur; lui-même l'avait ordonnée. Malheur à eux, s'ils n'entraient pas en campagne; l'extermination retomberait sur leur tête! « Il faut, à la fin, que les peuples secouent la tyrannie des gouvernements; qu'ils refusent de payer les impôts, et mettent les biens en

(1) Qui ne voit par ce simple passage que Luther fut le précurseur des dynamitards, avec l'hypocrisie religieuse en plus? De qui relèvent donc les déclamations de ceux qui déclarent notre société détestable et excitent les ouvriers à la haine contre les patrons, affirmant qu'ils comprennent les attentats à la dynamite? A. O.

commun. Oui, frères, n'avoir rien en propre est conforme à l'esprit du christianisme primitif. » Un autre chef du nom de Pfiffer disait un jour au peuple réuni sur la place publique que, la nuit précédente, il avait vu en songe une multitude innombrable de taupes sur le point de se jeter sur les récoltes pour les dévorer, et que lui s'étant lancé sur elles en avait fait un horrible massacre. Pour expliquer ce songe, il ajoutait que Dieu lui avait fait connaître comme quoi ces taupes désignaient les princes qui épuisaient le peuple, les seigneurs qui le dévoraient et les magistrats qui les opprimaient.

Mettons-nous donc en campagne, concluait-il : chassons les tyrans de leurs châteaux et de leurs terres, et déposons aux pieds du *prophète* (Müncer) le butin, pour qu'il le partage selon les besoins. Il est aisé de se figurer l'agitation terrible que de pareilles prédications devaient exciter parmi le peuple de la Thuringe, où elles avaient lieu. Des foules nombreuses se mettaient à la suite des nouveaux prédicateurs. Déjà la cité d'Alstadt leur avait ouvert ses portes, et celle de Mulhouse, après avoir chassé son Sénat, en avait créé un autre d'esprit anabaptiste. Müncer fut créé dictateur et la communauté mise en œuvre.

Tandis que ce dernier réalisait le communisme dans la Thuringe, Storck travaillait, dans le même but, quoique moins ouvertement, en Franconie et en Souabe. Quand le parti se fut grossi, il fit publier, au nom des paysans, une proclamation révolutionnaire où ils réclamaient douze réformes en autant d'articles. En somme, ils demandaient qu'il leur fût permis de choisir, à leur gré, les pasteurs qui prêchaient le pur Évangile; qu'ils n'eussent à payer la dîme que du froment seul et que celle-ci serait au profit des pasteurs et des pauvres; rachetés par le sang de Jésus-Christ, ils refusaient toute servitude, à moins qu'on ne la démontrât, au préalable, obligatoire, la Sainte Écriture à la main. Dieu avait soumis à la seigneurie de l'homme tous les animaux, que la chasse et la pêche soient donc libres, qu'il y ait liberté de posséder des terres; que les bois, les prés et les pâtures usurpés par la noblesse soient en commun. Finalement, il ne fallait rien leur imposer, ni leur faire retirer aucune demande, à moins de leur prouver que l'Écriture l'exigeait en termes exprès. Le communisme n'est pas formellement préconisé ici, mais il est caché au fond de ces revendications, comme les événements ne tardèrent pas à le prouver. Aucune réponse n'ayant été faite à cette proclamation, comme il fallait naturellement s'y attendre, en peu de temps la Thuringe, la Franconie, le Palatinat et la Souabe furent en armes, et la victoire remportée à la fin sur ce communisme des paysans coûta à l'Allemagne le massacre de cent mille hommes et la dépopulation de plusieurs principautés.

Cependant, le communisme vaincu en Allemagne se refit sous une forme plus odieuse en Suisse. Deux citoyens de Zurich, avec le concours d'un moine apostat comme prédicant, se chargèrent de propager l'anabaptisme dans leur ville natale. Devenus puissants par le nombre, ils furent aux prises avec Zwingle. Ne demeurant pas en paix, après une dispute solennelle, et excitant en outre des troubles, ils furent bannis de la ville par le Sénat de Zurich. Irrités de cette mesure, ils se rassemblèrent en masse au bourg de Zolicone qui était tout entier dévoué à la secte. C'est là que fut composé et publié par les chefs le symbole de leur croyance communiste. En voici les points principaux. L'Église anabaptiste est la seule vraie Église. Tous ses adhérents étant également inspirés jouissent tous d'un droit égal de parler et de prophétiser dans l'Église. Toutes les sectes où la communauté des biens ne serait pas établie parmi les fidèles sont des congrégations d'imparfaits qui se sont éloignés de la loi de la charité qui anime le christianisme; — les magistrats sont inutiles aux vrais fidèles; il n'est point permis d'en prendre la charge; — la guerre est illicite; le serment devant les tribunaux l'est aussi; — le péché ne saurait exister chez ceux qui, comme eux, se laissaient aller au mouvement de l'esprit. Cette formule de croyance une fois répandue, l'infection se propagea aux cantons voisins. Le nombre des adhérents qui accouraient de tous côtés à Zolicone augmentait de jour en jour. Le communisme portait ses fruits, non seulement au détriment de la propriété, mais encore à celui de la moralité. De la communauté des biens, on était passé à celle des femmes. Et tandis que certains, envahis par le démon de la luxure, justifiaient ces désordres écœurants par l'autorité de saint Paul, d'autres, allant plus loin, citaient l'Évangile et déclaraient que ceux qui occuperaient les places les plus élevées dans le ciel, ce seraient les publicains et les prostituées.

La plume se refuse à décrire les crimes, les infamies et les abominations dont ces sectaires souillèrent la Suisse. Le Sénat de Zurich, dont le canton était le siège de ces infâmes, saisi à la fin de dégoût, porta un décret condamnant à être noyés dans le lac tous ceux qui seraient trouvés assemblés dans les maisons particulières occupés à y prêcher l'anabaptisme. Les autres cantons suivirent cet exemple et prononcèrent également contre eux la peine capitale. Il ne fallut pas moins de trois ans pour débarrasser le pays de cette peste.

Et malgré cela, l'anabaptisme ne fut pas étouffé. Il releva sa tête impure en Hollande, et rencontra un nombre assez considérable d'adhérents à Amsterdam et surtout à Leyde. Un certain Jean Bochold plus connu sous le nom de Jean de Leyde, d'abord tailleur de son métier, puis aubergiste, fut pris à la lecture d'un livre intitulé : *Le rétablissement du règne de Jésus-Christ*, un manuel d'anabaptisme, et par suite de communiste. Il se lia avec l'auteur qui était Mathias, et se mit à propager la secte. Münster venait à ce moment-là de chasser son évêque. Elle était divisée en trois factions religieuses et se trouvait par suite dans une déplorable anarchie. Une ville pareille parut aux deux amis un lieu tout à fait propice pour y établir le règne nouveau du Christ. S'y étant rendus dans cette pensée, ils gagnèrent la populace par leurs discours furibonds, s'en rendirent maîtres et chassèrent tous leurs adversaires. Le gouvernement fut aussitôt organisé d'après les principes communistes. Les biens furent mis en commun, et Jean de Leyde, prenant le titre de *prophète* et le nom *d'Elie*, en devint le suprême dispensateur. Dans les commencements, la polygamie, puis la communauté des femmes, à titre de précepte divin, jouirent d'une licence considérable dans cette organisation. Malheur à celui qui osât faire la moindre opposition aux ordres du prophète ! Pas moyen d'échapper; il devait être puni de mort Cependant le titre de suprême dispensateur parut peu de chose à cet étrange prophète. Il convoita un poste plus élevé et plus sûr.

Grâce à l'habileté d'un ami qui feignit d'être inspiré, il obtint le titre de roi de la Sion nouvelle et de chef suprême de la religion. Münster devint alors une vraie Babylone où se donnèrent carrière à la fois le communisme, la licence et la tyrannie. Il fallait en finir avec ce scandale. L'armée se chargea de le faire cesser. La ville fut prise le 25 juin 1535 après une résistance désespérée. Une grande partie des anabaptistes qui la terrorisaient furent tués, le reste se dispersa, et le roi de Sion eut la tête tranchée là où il régnait auparavant.

Ce fut là un des fruits de la réforme tant vantée. La question religieuse ne tarda pas à se transformer en question sociale. La révolte contre l'autorité de l'Église entraîna la révolte contre l'autorité civile; et la spoliation de la propriété ecclésiastique amena celle de la propriété laïque. Les arguments qui avaient servi à attaquer l'autorité du prélat et la propriété du clergé servirent également à renverser l'autorité du prince et la propriété privée du citoyen. Le principe invoqué pour renverser les institutions ecclésiastiques a merveilleusement servi pour détruire les institutions sociales. Luther ayant posé comme doctrine fondamentale de sa réforme la suprématie de la raison privée sur l'autorité de l'Église, en matière d'interprétation de la Sainte Écriture, il réussit à renverser par elle l'autorité des prélats et à supprimer la propriété du clergé. Ses adhérents, ayant considéré avec raison que la Sainte Écriture n'est pas pour le clergé seul, mais encore pour les laïques, s'en sont servis pour abattre les princes et détruire la propriété des citoyens.

On a établi le communisme, et le communisme a immédiatement produit ses fruits tant dans l'ordre moral que dans l'ordre politique. Dans l'ordre moral, il a donné la communauté des femmes et les infamies les plus grossières en fait de dissolution; dans l'ordre politique, il a eu pour résultat l'anarchie, la tyrannie, la désertion des villes et des campagnes, et finalement le massacre de plusieurs centaines de milliers d'hommes. Il en a toujours été ainsi, et il en sera toujours ainsi. On ne porte jamais une grave atteinte à la religion, sans en porter une autre à la société. Jamais on n'établit une organisation contraire à la nature de l'homme sans préparer en même temps les voies à d'épouvantables ruines sociales.

Les rudes défaites infligées à ces anabaptistes qui avaient essayé de fonder leurs sociétés communistes en Allemagne et en Suisse conseillèrent aux maîtres la modération et la prudence. En conséquence Hutter et Scherding se mirent d'accord pour en faire l'expérience en un lieu pour ainsi dire hors du monde. Ils jetèrent les yeux, à cet effet, sur de vastes terrains dans la Moravie à peu près incultes et déserts qu'ils acquirent en partie par les deniers mis en commun des disciples de la secte, et en partie par suite de location à des prix élevés. Ils y conduisirent de braves cultivateurs d'un caractère pacifique, et les organisèrent en plusieurs communautés. D'autres en grand nombre vinrent s'adjoindre à eux, et la colonie s'accrut et s'étendit en peu de temps. Les communautés fondées, tout aussi bien que celles qui surgirent par la suite, étaient disposées et régies d'après une même règle.

Les habitations se dressaient à l'intérieur d'une enceinte de palissades, l'une séparée de l'autre par familles. Au milieu d'elles se voyait un vaste bâtiment à l'usage commun divisé en plusieurs compartiments servant de réfectoire, d'ateliers, de magasins, d'école. Tous mangeaient à la même table, et en silence. La nourriture était frugale; le travail était continu sans un jour de fête qui l'interrompît; les vêtements et les ustensiles des maisons particulières étaient tous de la même forme.

Les parents n'avaient pas à songer à la nourriture et à l'éducation des enfants. Les veuves étaient chargées d'y pourvoir. Un *économe* faisait une masse commune des produits de la communauté, et pourvoyait ainsi aux besoins, et un *archimandrite* gouvernait la communauté. Tous devaient sans murmure exécuter ses ordres et observer ponctuellement la discipline rigide qui régnait là. Si quelqu'un venait à y manquer, ou il subissait une pénitence publique ou il était taxé à un travail extraordinaire, ou à la fin, il était chassé de la colonie. En somme tout se passait d'après les règles du communisme de forme tempérée. On aurait donc pu croire qu'une pareille colonie communiste formée avec tant de soin, et régie par de telles lois, était destinée à vivre toujours. Mais il n'en fut rien. Hutter, après avoir parcouru l'Allemagne et la Pologne pour ramasser des gens en faveur de la nouvelle communauté, vint s'y unir lui-même, et à son arrivée, il demanda à Scherding qui l'avait gouvernée seul jusqu'alors et obtint d'avoir, lui aussi, la main dans le gouvernement. Satisfait sur ce point, il intrigua sur un autre. Scherding, pour sauver la colonie de l'anarchie et de la dissolution, voulait que, laissant de côté la doctrine de l'anabaptisme qui excluait toute autorité, il y eût des gouvernants qui exerçassent celle-ci. Hutter était d'un avis contraire. Le dissentiment des chefs descendit dans le peuple : de là des rivalités, des divisions, des disputes et des rixes qui aboutirent au départ de Hutter. Scherding resta seul.

Ce grave danger écarté, en voici un autre. Ceux qui gagnaient davantage trouvèrent étrange d'être mis sur le même pied que ceux qui gagnaient moins. Ils réclamèrent des portions plus considérables, des privilèges et des avantages sur les autres, et, les ayant obtenus, l'égalité dans les vêtements et l'habitation disparut. La première ferveur pour la nouvelle doctrine s'étant à peu près dissipée, la colonie finit par entrer en dissolution. Dans l'espace de sept ans (1527-1534), elle naquit, fleurit et mourut (1).

Ainsi finit ce nouveau genre de société régie par le communisme modéré. Ses auteurs avaient eu beau éliminer de leur organisation la communauté des femmes, ils avaient eu beau soumettre les associés à des autorités appropriées, ils avaient eu beau faire du travail la base de la vie commune, et écarter par là la dissolution, l'anarchie et la fainéantise, ces trois plaies du communisme absolu, leur société ne put tenir debout. Fondée sur un enthousiasme religieux fictif et sur une erreur qui froissait la nature, elle portait dans son sein deux causes de dissolution assez puissantes. Ces enthousiasmes et ces erreurs ne sont pas durables. Le fondement, dès lors, venant à être entamé, l'édifice devait crouler.

(1) MESHOVIUS. *Histoire de l'anabaptisme*, en sept livres (latin). — OTTICUS. *Annales anabaptistes*, en sept livres (latin). — RAYNALDUS. *Annales*, ann. 1522, n° 53 et suiv., 1525, 1533, 1534, en sept livres (latin). — AUDIN. *Vie de Luther*.

CHAPITRE V

LE COMMUNISME SOUS LA FORME DU ROMAN

La forme communiste que nous venons de décrire porte au front une enseigne qui la rend odieuse. Elle est violente, elle est dissolue et plutôt faite pour éloiger du communisme que pour lui gagner des adhérents. Il en fallait un autre d'une nature différente qui, le sourire aux lèvres et avec l'attrait d'une béatitude supposée, pénétrât dans les âmes et les attirât doucement à cette forme de société. Le roman était un moyen fort approprié à ce but, et c'est sous ce vêtement que le communisme fit son apparition dans le monde. Le premier qui sut se l'imaginer, et le dépeindre sous cette forme, ce fut Thomas Morus, chancelier d'Angleterre sous Henri VIII.

Son roman vit le jour à Louvain en 1516. Il y a deux parties dont la première cherche à insinuer dans les esprits la théorie du communisme, et la seconde engage à la pratique. La première insinue la théorie en déclarant le droit de propriété inique en lui-même, et responsable des maux si graves dont souffrait alors la société, surtout en Angleterre. Il engage à la pratique, en traçant un magnifique tableau du bonheur supposé dont jouit un peuple régi par le système de la vie commune. La scène est dialoguée. L'auteur rencontre par hasard un hardi navigateur portugais; il entre en conversation avec lui et lui demande le récit de ses aventures il lui fait dépeindre, et mettre en lumière avec charme, à l'occasion de ses réponses, toutes les merveilles d'une société régie par le communisme, comme choses qu'il a vues de ses yeux, dans une terre découverte par lui.

Il est bien entendu que c'est l'auteur lui-même qui a rêvé

tout cela. Le navigateur s'appelle *Hythlodée*, et l'heureux peuple qui jouit du système communiste habite une île appelée *Utopie*, laquelle a cinq cents milles de long et cent milles de large au plus. Les deux noms d'*Hythlodée* et d'*Utopie* avertissent, dès le commencement, le lecteur qu'il se trouve en face d'une simple fiction : car dérivés du grec le second veut dire *en aucun lieu*, par conséquent, dans une île qui n'existe pas, qui est purement fantastique; le premier correspond au mot *charlatan* ou vendeur de balivernes. Le livre original est écrit en latin, et vu la nouveauté du sujet, il a été traduit à peu près dans toutes les langues (1).

Voici à présent les théories du communisme qui rentrent dans notre sujet, telles qu'elles sont exposées dans la première partie. Après avoir déploré les maux nombreux et graves dont est affligée la société, Hythlodée conclut en ces termes : « Dans tous les États où existe le droit individuel de propriété, où tout s'apprécie au poids de l'or, on ne saurait jamais faire régner la justice, ni assurer la prospérité publique. Pour rétablir un juste équilibre dans les affaires humaines, il est absolument nécessaire d'abolir le droit de propriété. Tant que ce droit subsistera, la partie la plus nombreuse des citoyens, la plus digne d'estime n'aura d'autre sort que l'inquiétude, la misère et les angoisses. » Il loue hautement Platon qui est partisan de l'égalité, et poursuit en prétendant que celle-ci ne saurait se maintenir là où le droit de propriété individuelle est en vigueur. Dans ce cas, en effet, chacun se prévalant des différents titres ou moyens qui sont à sa disposition, pour tirer tout à lui, autant qu'il est en son pouvoir, la richesse publique, quelque grande qu'on la suppose, vient à tomber aux mains

(1) Libellus vero aureus, nec minus salutaris quam festivus, de optimo reipublicæ statu, deque nova insula *Utopia*, auctore clarissimo viro *Thoma Moro*, etc.

d'un petit nombre d'individus, laissant aux autres l'indigence. Il y a, à la vérité, des remèdes à un si grand mal, mais ils sont impuissants à les guérir radicalement. On peut, par exemple, déterminer le maximum de richesse que les individus peuvent posséder soit en terres, soit en argent; on peut par des lois sévères obvier au despotisme et à l'anarchie; on peut châtier les filous, défendre la vente des charges publiques, supprimer le faste dans les positions les plus élevées : mais tous ces moyens, à la fin du compte, ne sont que des palliatifs du mal. Celui-ci ne saurait être radicalement extirpé que par l'abolition de la propriété individuelle.

Passant ensuite aux détails, il compare les nobles et les riches avec les pauvres, et note le désordre et l'injustice que ce partage des citoyens engendre au sein de la société. Le pauvre gémit et s'épuise sous la fatigue, et le riche en consomme le fruit dans l'oisiveté. Pis encore! Plus le fermier locataire s'ingénie à améliorer la terre, plus le riche patron le ronge jusqu'aux os, pour augmenter son revenu. L'or est plus estimé sur le marché par le riche que l'homme, et des hommes sages et honnêtes doivent être soumis à un individu de courte intelligence et stupide, uniquement parce qu'il est riche.

Le désordre n'est-il pas palpable ici? L'auteur du roman le croit pour sa part. Mais, si le désordre est palpable, l'injustice n'est pas moins évidente. Il est injuste qu'un noble, un banquier, un usurier, un homme qui ne produit rien, passe ses jours dans la mollesse et les délices, tandis que le journalier, le charretier, l'artisan et l'ouvrier traînent leur vie dans la tristesse, gagnant à peine une nourriture misérable. Il est injuste qu'ils soient chargés d'un labeur dur et continuel plus que les bêtes de somme, ces hommes dont le travail est si nécessaire que, sans lui, la société ne pourrait vivre un an. Il est injuste que l'ouvrier, vu l'abaissement du salaire, soit écrasé à l'heure présente par un travail stérile et sans avantage, et ait devant lui un avenir qui devra l'achever dans la misère.

Mais l'injustice n'est pas encore là tout entière. Les riches s'étudient à réduire tous les jours de plus en plus, par des artifices frauduleux, le misérable salaire des pauvres, et ce qui est plus criminel, ils sanctionnent par des lois une scélératesse aussi monstrueuse, au détriment de ceux qui devaient être récompensés plus que les autres. En conséquence de quoi, si l'on étudie à fond la condition des États les plus florissants de nos jours, on voit partout les riches conjurés à tirer le plus de profit possible de leurs affaires, et cela au nom et sous le couvert du bien public. Ils cherchent par tous les procédés possibles à atteindre un double but : le premier d'asseoir et de perpétuer la possession d'une fortune mal acquise; le second de faire un coupable trafic de la misère et des personnes des pauvres, en acquérant au plus vil prix leur industrie et leur travail. Et continuant sur ce ton, il accuse les riches de l'éducation vicieuse des pauvres, et des délits que celle-ci leur fait commettre, et conclut fièrement : « Que faites-vous donc des pauvres? vous en faites des voleurs pour avoir ensuite le plaisir de les perdre. »

Qu'est-ce donc, d'après l'auteur de l'*Utopie*, que la société avec le droit de propriété? Rien autre chose que désordre et iniquité avec la majeure partie des citoyens opprimée et avilie, qu'une société contaminée par le délit et déshonorée par l'usage cruel du gibet. Indignation contre les riches, commisération envers les pauvres, horreur pour la société organisée sur le droit de propriété et désir de transformations sociales, tels sont les effets naturels que doit produire cette première partie sur les esprits qui se laissent entraîner par la vivacité des images et par la force du sentiment, sans se préoccuper le moins du monde si c'est la vérité ou le mensonge qu'on leur présente. Passant ensuite dans ces dispositions d'esprit, à la jolie scène de la seconde, il est moralement impossible qu'au désir de nouveautés (*Rerum novarum cupido)* ne vienne s'adjoindre le désir de se mettre à l'œuvre pour les réaliser (1).

Et qui donc ne serait pas désireux de transformer son propre pays opprimé, avili et déshonoré par le crime en un lieu des plus pures béatitudes, comme la chose a lieu dans l'île *Utopie?* Sa capitale est située sur le bord d'un fleuve, non loin de la mer. Cinquante-quatre villes bien bâties et commodes ornent son sein, comme autant de perles. De grands bâtiments soigneusement répartis çà et là dans les campagnes servent d'habitations aux cultivateurs groupés au nombre de quarante par habitation. L'agriculture y étant en grande estime, tous sont obligés d'en apprendre la science et l'art, et en même temps d'apprendre un métier à leur gré et à chaque renouvellement de l'année, les habitations et les différents genres de travail changent aussi. Les gens de la ville vont à la campagne pour y cultiver les terres et les gens de la campagne viennent en ville pour y exercer leur métier. Le travail journalier ne dépasse pas les six heures, et il est coupé par le repos. Le restant du jour se passe dans l'étude privée des lettres et des sciences ou dans les écoles publiques. Le soir on a des jeux, des bals et de la musique. Nul ne doit se préoccuper de savoir comment il s'habillera, ni comment il vivra. Il y a de grands bazars et de grands marchés où l'on va non pas pour trafiquer et embourser de l'argent, mais pour satisfaire gratuitement à ses besoins le mieux que l'on pourra; et comme on le voudra. Il y a des salles publiques, où à l'heure fixée se trouvent des tables abondamment servies, et les repas sont égayés par le chant et la musique. Des parfums et des eaux odoriférantes embaument l'air tout à l'entour à la grande satisfaction des

(1) Le livre du P. STECCANELLA est de l'an 1870.

convives. Il n'y a pas de danger que l'abondance vienne à faire défaut. Si la récolte manque dans une partie de l'île, les autres s'empressent d'y suppléer gratuitement; si la population s'accroît outre mesure, on organise des colonies qu'on envoie peupler un autre pays. Il y a des hôpitaux pour les malades où les soins de tout genre surabondent. Les enfants ont leurs chambres à eux, des crèches et des nourrices, pour que, dès leur bas âge, ils participent au bien-être de ce pays fortuné. En un mot, on a pensé à tout, on a tout prévu dans l'organisation qu'on lui a donnée. On mange bien, on boit mieux, les vêtements sont à discrétion, les divertissements à souhait, et tout cela au prix de six heures de travail seulement. Jamais pays de Cocagne pareil n'a été vu, ni même imaginé.

Il est vrai qu'au milieu de toutes ces béatitudes matérielles, les âmes pourraient être un peu assombries par quelque pensée fugitive de conscience, qu'elles pourraient être troublées par quelque dogme religieux de la vie future. Cet inconvénient a été prévu et on l'a écarté. L'État ne professe aucune religion, il n'a aucune croyance. Qu'on soit déiste, matérialiste, idolâtre ou athée, peu importe. « Que chacun suive la nature » : tel est l'unique principe moral et religieux qui doit dominer.

Il y a même une loi que le gouvernement aussi bien que chaque particulier doivent tolérer, sans se préoccuper de toutes les excentricités en cette matière. Quiconque agirait autrement serait puni. Aussi un jeune homme catholique qui voulait dire un mot en faveur du catholicisme fut aussitôt conduit à la frontière, comme agent de troubles. Au pays de l'*Utopie*, on ne pense pas, on ne veut pas penser au monde d'au delà de la vie, mais uniquement à jouir du monde d'ici-bas.

L'organisation politique est d'une simplicité extrême. Les familles divisées par groupes de trente choisissent, chaque groupe, un chef qui s'appelle *philarque;* dix philarques réunis choisissent un *protophilarque*, et tous les philarques réunis en assemblée nomment le *prince* de toute l'île parmi les trois présentés par le peuple. Le principat est à vie, sauf le cas de despotisme qui entraîne la déposition du prince. Chaque cité envoie trois députés à l'assemblée nationale qui siège dans la capitale. La charge des philarques consiste à surveiller le travail, à stimuler les paresseux, à empêcher que le désœuvrement ne s'introduise. L'assemblée nationale, outre le pouvoir législatif, a la charge d'établir la statistique des revenus, des denrées et des marchandises, de faire la répartition des provisions et de fixer les heures du travail obligatoire. Ces heures peuvent être tantôt diminuée et tantôt augmentées au delà de la règle ordinaire, selon le nombre plus ou moins grand des esclaves qui sont au service de l'île communiste. Il y a deux espèces d'esclaves : les uns sont utopiens et étrangers condamnés à l'esclavage pour cause de délits commis; les autres sont des prisonniers de guerre, ou des étrangers à la solde de la république. Les travaux les plus durs sont à leur charge. Les premiers sont à la chaîne, les autres non. Et comme l'or, en vertu de la loi du pays, est considéré comme chose vile, les chaînes des esclaves et les ustensiles servant aux usages les moins relevés dans les familles sont faits de ce métal.

Tel est le tableau de la société communiste inventé par l'imagination de l'auteur de l'*Utopie*. Il est splendide, magnifique, souverainement attrayant pour tout ce qui concerne la vie matérielle. Le contraste de cette société imaginaire avec la société réelle basée sur le droit de propriété est clair, palpable et de grand effet. Mais la base est-elle vraie? Les socialistes l'ont cru et le croient, et pour exciter le peuple à en faire l'épreuve, ils ont répandu la version du livre. L'auteur, du reste, a voulu écrire un roman, et rien de plus qu'un roman chimérique. Ce qu'il le prouve, ce sont les noms chimériques qu'il a donnés à l'île et à son interlocuteur portugais, le premier exprimant une chose chimérique, et le second un charlatan ou inventeur de balivernes. L'auteur prouve encore sa pensée vers la fin du livre dans les deux objections proposées l'une contre l'ordre économique et l'autre contre l'ordre politique établis parmi les citoyens. Il conclut, en effet, que dans la société communiste réelle, au lieu de l'abondance on aurait la misère, et au lieu de l'ordre social l'anarchie.

Quelques critiques, considérant la vaste tolérance décrétée par lui dans sa société fantastique, ont mis en doute l'orthodoxie de la foi de Thomas Morus, mais en donnant sa vie pour la religion catholique, il nous a laissé un témoignage incontestable de sa croyance, démontrant en même temps d'une part qu'il considérait comme chimérique une société dotée d'une organisation communiste, au point de vue économique et politique, et de l'autre qu'une société où l'on poussait l'application de la loi de la tolérance jusqu'à exciter quelqu'un qui ayant eu connaissance de la vraie religion cherchait à la faire connaître à ses concitoyens n'était pas moins chimérique à ses yeux.

Un siècle plus tard Thomas Campanella imita l'exemple du chancelier. Lui, du reste, ne plaça pas le siège de toutes les béatitudes communistes dans une île ou un vaste royaume, mais dans une ville qu'il appella *la Cité du Soleil*. Il inséra cette fiction dans un livre qu'il composa sous le titre : *Philosophiæ realis libri quatuor*.

Sans tenir compte du plan bizarre que son imagination lui avait donné, considérons-la dans son organisation pour autant que celle-ci diffère de la conception de l'*Utopie* imaginée par Thomas Morus. Au point de vue politique, la *Cité du Soleil* a à sa tête un prince appelé par ses concitoyens du nom de *Soleil*, et par Campanella *le grand*

Métaphysicien. Son pouvoir est absolu, tant dans l'ordre spirituel que dans l'ordre matériel. Ses décisions sont irrévocables. Sa parole tranche toutes les questions : il est la loi vivante devant laquelle tous les fronts doivent s'incliner. Sa règle n'est autre que sa volonté. Il a à ses côtés en guise de ministres des hommes investis de pouvoirs différents dont les noms correspondent à leurs fonctions : *Puissance, Sagesse, Amour*. Le premier a dans sa main et gouverne toutes les forces guerrières; il déclare la guerre et la conduit; il combine et conclut les traités de paix avec l'ennemi. Le second a la direction des arts et des sciences; c'est de lui que dépend l'enseignement et l'éducation.

Nul n'a le droit de rien faire en cette matière sans son consentement. Le troisième a tout pouvoir sur la reproduction des semences confiées à la terre jusqu'à la génération de l'homme. Tout est soumis à ses lois. En dessous de ces trois chefs il y a une foule d'autres chefs inférieurs, de surveillants, d'exécuteurs de la volonté suprême qui, dans le cercle de leurs attributions, doivent peser sur le vulgaire pour lui faire exécuter ce qui est commandé, et le fouet en main battre quiconque se montre paresseux ou récalcitrant. La nomination aux différentes fonctions se fait par le Métaphysicien assisté par les trois ministres nommés ci-dessus et par les professeurs des arts : ceux-ci sont élus par leurs propres écoliers et par leurs collègues; on ne dit pas comment sont élus le Métaphysicien et le triumvirat qui siège à ses côtés. Mais les conditions exigées de la part de ceux-ci et surtout de la part du chef suprême consistent dans une connaissance des sciences si vaste et si profonde qu'on peut à peine se l'imaginer.

Mais ce détail importe peu. Ce qu'il importe de noter, c'est que la *Ville du Soleil* parait organisée d'après le principe du despotisme le plus barbare : le caprice des gouvernants depuis la base jusqu'au sommet sert de règle, et c'est le fouet qui la fait exécuter. Le vulgaire est un troupeau vis-à-vis des chefs inférieurs, ceux-ci vis-à-vis des chefs mitoyens, ces derniers vis-à-vis des trois ministres et tous vis-à-vis du *grand Métaphysicien*.

Il n'en est pas autrement dans l'ordre moral. Le lien du mariage est inconnu dans la ville du Soleil. Mais, malgré cela, la liberté de l'amour n'est pas accordée à tous les entraînements. Dans cette heureuse cité, on a recours au procédé que l'on suit à l'égard des troupeaux.

La race des citoyens du Soleil doit être saine et robuste. Une sélection est donc nécessaire à cette fin. Aussi, y a-t-il des protomédecins et des matrones chargés de s'en occuper. Les règles minutieuses présentées sur ce point disent clairement qu'il ne s'agit pas d'une société composée d'êtres raisonnables, mais d'un vil troupeau d'animaux. Il est, par conséquent, évident qu'il ne doit y avoir là aucune ombre de religion ni de culte. Il y a bien au centre de la cité un temple grandiose, mais, sur l'autel qui se dresse au milieu, il n'y a que deux globes dont l'un représente la terre, et l'autre le sphère céleste. L'élevage, nous ne disons pas l'éducation est en harmonie avec le genre de vie. Il est commun et obligatoire pour les garçons et les filles. Tous doivent sortir docteurs et doctoresses de l'école et, ce qui est plus important, au prix de peu de travail.

La culture des champs est commune : chacun doit y apporter sa part de travail. Le travail n'est pas regardé d'un œil triste; ces braves citoyens se montrent même joyeux au milieu des plus grandes fatigues. A un signal des chefs, ils vont, s'arrêtent, suent, s'essoufflent, toujours le sourire aux lèvres et la main à l'ouvrage. En un mot, jamais, sous la voûte du ciel on n'a vu meilleure pâte d'hommes. Il est vrai que chacun des chefs tient un fouet à la main, et le fait résonner sur les épaules du paresseux. Mais l'auteur du roman oublie qu'il leur a mis en mains cet instrument-là précisément où il aurait dû s'en souvenir. Tout est en commun : il n'y a pas de doute à ce sujet, mais ce qui mérite considération, c'est le motif qui a fait écarter des esprits toute idée de propriété. Voici les sentences que l'auteur met dans la bouche de l'un de ses interlocuteurs : « L'esprit de propriété s'accroche à nos sociétés et y grandit, parce que nous avons une demeure à nous, une femme à nous, des enfants à nous. De là jaillit l'égoïsme. En effet, pour agrandir la fortune de nos enfants, nous dilapidons les trésors du public; lorsque, à l'occasion de notre puissance ou de nos richesses, nous dominons les autres; et nous devenons avares, perfides, inhabiles, quand nous nous trouvons dans une pauvre condition. » Or, dans la *Ville du Soleil* nul n'ayant en propre, ni maison, ni femme, ni enfants, l'égoïsme est banni à tout jamais, et la vie commune y fleurit avec toute la simplicité de ses couleurs. Celles-ci, on l'a vu, se réduisent à deux teintes spéciales : celle du despotisme le plus odieux, et celle de l'ordure morale la plus fétide.

Il y a d'autres romans encore, et ils ne sont pas en petit nombre, où l'on a rompu une lance en faveur du communisme. Tels sont, par exemple, l'*Autre Monde* de Hall, *la Nouvelle Atlantide* de Bacon, *la Terre Pacifique* de Nicolas Munster, l'*Océan* de Harrington et autres semblables. Mais, il nous suffit d'avoir rendu compte de l'*Utopie* et de la *Cité du Soleil*. Ces deux romans représentent fort bien les deux formes différentes que prend d'ordinaire le communisme : l'une douce et l'autre rigide, l'une avec un extérieur avenant et des manières attrayantes tels que les conçoit celui qui par son esprit et sa condition est gentilhomme; l'autre qui porte des habits riches et étranges, mais qui n'en est pas moins malpropre et grossière dans sa façon d'agir, comme se l'imagine celui qui par son esprit et sa condition appartient à la populace. Dans le roman de Thomas Morus nous avons le communisme modéré, dans celui de Thomas Campanella, le communisme débraillé : tous les autres prenant des manières intermédiaires se rapprochent tantôt plus, tantôt moins du premier ou du second.

CHAPITRE VII

LE COMMUNISME THÉORIQUE AU XVIIIe SIÈCLE SOUS LA FORME RATIONALISTE

Au XVIIIe siècle, de la fable on passa directement à la réalité. Parmi les fausses théories répandues en si grand nombre au cours de ce siècle, par les écrivains incrédules sur l'homme, la religion et la société, il y eut encore celle du communisme. Tandis que certains la défendaient avec précaution, et pour ainsi dire en cachette, d'autres au contraire, surtout les écrivains français, la préconisaient à visage découvert, et en faisaient une large propagande. L'idée communiste était devenue peu à peu si universelle qu'on croyait à la fin superflu de prouver son utilité et sa justice. L'unique souci qu'on se donnât, et c'était sur ce point que roulait la discussion, c'était de savoir ce qu'il fallait faire pour la mettre en pratique. Il nous semble utile de dire ici en résumé, d'abord au point de vue de la pratique, le procédé suivi à cette époque.

Les écrivains de cette école philosophique, incrédules qu'ils étaient, et par conséquent contempteurs et persifleurs de tout ce qui appartient à la religion du Christ, s'étant mis à étudier l'homme, ne purent se rendre compte ni de son origine ni de sa fin. Par suite ils ne surent le voir autrement, aux premiers temps de son apparition sur la terre, que mêlé aux autres bêtes de la forêt. Là aucune loi divine ni humaine ne lui imposait aucune contrainte; il n'y avait aucune inégalité de degré qui le fît plus ou moins puissant parmi ses semblables; il était libre de satisfaire tous ses appétits; il n'avait à se préoccuper d'aucune autre félicité, si ce n'est de celle que, dans cet état d'indépendance et d'égalité, il pouvait se procurer, à l'aide de ses forces et de son industrie. Après avoir affirmé que ce genre de vie sauvage était l'état naturel de l'homme, ils en conclurent que la société civilement organisée était un état factice survenu par après. Mais ce qui est factice n'est pas toujours bon et, comme tel, peut être changé et rechangé (1). En conséquence de quoi, les mêmes écrivains se posèrent la question de savoir : si l'état appelé par eux factice était utile ou désavantageux à l'homme, bon ou mauvais en lui-même. Établissant une comparaison entre la vie de l'homme dans l'état primitif appelé naturel, et celle qu'il mène dans la société, ils arrivèrent à la conséquence que la société organisée, comme elle l'est à l'heure actuelle, est un état mauvais, désavantageux au plus haut point et contraire à la nature de l'homme. Cette première question résolue de la sorte, ils passèrent à une seconde, celle de savoir quelle serait la forme sociale qui, tout en donnant le bénéfice de l'association, ne portât pas la moindre atteinte aux exigences de la nature de l'homme. La solution fut : que la forme sociale cherchée était la forme communiste. Elle donne tous les avantages de l'association, elle n'enlève pas un atome des biens de l'état primitif; avec elle toutes les exigences de la nature demeurent pleinement satisfaites, le bonheur dont l'homme est capable y reçoit son entier accomplissement.

(1) C'est ce principe fécond en conséquences désastreuses qui continue à présider aux changements des lois fondamentales d'un peuple. Nos lecteurs, pour peu qu'ils soient attentifs, verront à l'évidence combien notre société actuelle est restée niaisement fidèle aux principes détestables formulés par les sophistes de la révolution. A. O.

Grâce à ses deux solutions la nécessité de réaliser le plus promptement possible la forme du communisme fut proclamée, et le cri d'une guerre à outrance contre la forme sociale actuelle et contre toutes ses organisations fut lancé par l'école incrédule du philosophisme rationaliste susdit.

Mais, s'il y a eu unanimité par rapport à la solution des questions proposées, et par rapport au cri de guerre, les arguments invoqués à cet effet ont été fort différents. Aux yeux de *Rousseau* tout le mal gît dans l'oppression de la liberté occasionnée par la disparition de l'égalité. De là les misères sans nombre qui rendent l'homme malheureux dans l'état social actuel. Partant de l'état naturel de l'homme, il nous offre le raisonnement suivant : errer dans les bois, suivre les voies des passions naturelles, jouir d'une indépendance absolue, vivre sans aucune entrave de lois civiles et morales, ne connaître aucun lien de famille, ignorer l'esclavage du travail, telle est la condition naturelle de l'homme. Or, regardez à présent la société. Que voyez-vous? L'homme naît libre, et partout il est dans les chaînes : chaînes d'autorité, chaînes de lois, chaînes de famille, chaînes de travail, chaînes partout, et avec elles partout des misères sans fin. « Les misères qui en guise de bourreaux tourmentent aujourd'hui les hommes en société étaient tout à fait inconnues avant que vînt au monde la race de ces hommes cruels qui s'appellent des maîtres, et que n'apparussent les ribaux menteurs qui s'appellent des esclaves, avant qu'il n'y eût ces êtres abominables qui conservent leur superflu, tandis qu'il y en a d'autres qui meurent de faim; avant que la dépendance mutuelle les ait tous forcés à devenir fourbes, jaloux, scélérats. » La conséquence de cette prémisse saute aux yeux, c'est l'abolition de l'autorité chez celui qui commande, c'est l'abolition de la propriété chez celui qui possède; c'est l'abolition de toute moralité en matière des droits et des devoirs qui constituent la dépendance mutuelle des individus;

c'est en un mot l'abolition absolue de la société civile basée sur le principe de l'autorité, de la propriété et de la morale. Qui pourrait, en effet, se faire le soutien d'une société qui dépouille l'homme de sa liberté naturelle, qui l'arrache à son bonheur natif et qui, après l'avoir jeté dans de dures entraves, le plonge dans un océan de misères et de scélératesses? Le cri de mort contre une tyrannie aussi odieuse doit sortir de toute âme honnête à la façon bien entendue de l'âme de Rousseau.

La forme sociale actuelle démolie de la sorte, le même sophiste nous donne celle qui doit la remplacer. Cette base, écrit-il, sera un contrat social dont voici la formule : « Chacun de nous met en commun sa personne et toute sa puissance sous la suprême direction de la volonté générale, et nous recevons encore chaque membre comme partie indivisible du tout. (*Contrat social*, l. II, ch. VI.) » De même que la nature donne à l'individu un pouvoir absolu sur ses membres, de même aussi le pacte social donne au corps politique un pouvoir absolu sur les siens. Un pouvoir pareil dirigé par la volonté générale s'appelle *la souveraineté*. Dans l'acte même où la communauté prend sa forme, chaque membre doit se donner tout entier à elle, tel qu'il se trouve; il doit lui donner sa propre personne, ses propres forces, et les biens qu'il possède. Quiconque refuserait, par la suite, d'obéir à la volonté générale doit y être contraint par tout le corps. Telle est la moelle de la théorie de Rousseau dégagée de sa phraséologie prétentieuse et souvent bouffonne. Rien, en effet, n'égale la suffisance ignorante de cet écrivain, si ce n'est peut-être la niaiserie de ses contemporains qui l'ont écouté comme un oracle. Quoi qu'il en soit, la pensée du sophiste n'est nullement ambiguë. La société conforme à la nature de l'homme est celle où tout est mis en commun, individus et biens, droits et désirs, corps et âmes : tout l'homme en un mot, et tout ce qui lui appartient dans l'ordre physique et dans l'ordre moral. C'est la société de la communauté absolue des biens, la société du pur communisme (1).

Morelly, un auteur contemporain de Rousseau, et porté aux nues par les communistes, arrive à la même conclusion, en partant de la bonté morale de l'homme, supposée par lui comme chose toute naturelle. L'homme, dit-il en substance, naît bon de sa nature. La société le pervertit et le rend ainsi malheureux. La cause de sa perversion, ce sont les préjugés de la propriété et de la morale que la société a mis à la base de ses institutions, en guise de principes inébranlables. Il faut donc abolir ces deux préjugés et reconstruire la société sous une autre forme. Pour ne pas errer en cette besogne, il importe de donner à cette œuvre, en guise de fondement sacré et inviolable, les trois lois suivantes :

1° Que rien n'appartienne en propre à aucun individu, si ce n'est l'objet dont il use à l'heure du besoin, du plaisir et du travail; 2° Que chaque citoyen soit une personne publique, et comme tel entretenu et pourvu aux frais du public; 3° Que chacun concoure pour sa part à l'utilité commune, selon ses forces, son génie et son âge, et qu'en cette matière les devoirs soient répartis conformément aux lois de la justice distributive. — Que tous les préceptes, toutes les maximes, toutes les réflexions morales soient déduites de ces trois lois fondamentales et sacrées. Il ne faut pas se donner le moindre souci de la religion. Qu'on ne parle pas de Dieu aux jeunes gens, si ce n'est comme d'un être infiniment bon, et quant à l'âme : qu'on en dise qu'elle survivra peut-être à la mort de l'individu. Que l'homicide et celui qui cherche à remettre en usage *la détestable propriété*, soit, comme un fou furieux, enfermé dans une caverne creusée au cimetière public, et que celle-ci lui serve en même temps de prison et de tombeau. Tel est le système de Morelly. Destruction et

(1) Voir *Discours sur l'origine de l'inégalité*. — *Contrat social*, liv. I, chap. 3, 4, 7, 9; livre II, chap. 4.

reconstruction, voilà toute sa théorie. Conforme à Rousseau dans la conclusion et la marche de son discours, il diffère de lui dans les motifs qu'il allègue (1).

Brissot de Warville raisonne d'une tout autre façon. Il tourne tous les coups de sa logique contre la propriété, de quelque espèce qu'elle soit. Il ne donne pas de lois d'aucune forme de société en particulier : mais en combattant la propriété, il s'étudie, avec une effronterie sans pareille, à établir la communauté la plus absolue jointe au matérialisme le plus abject. Le droit de propriété d'après lui n'existe que pour le moment du besoin présent. Celui-ci satisfait, tout droit de propriété cesse. L'auteur confirme ce principe par l'exemple des animaux auxquels l'homme est, toujours d'après lui, parfaitement semblable.

Il le confirme encore par l'exemple des sauvages, chez qui, croit-il naïvement, les lois de la nature sont observées dans toute leur simplicité; une confusion d'idées des plus étranges, conclut-il, règne sur ce point dans la société. Une fois l'équilibre que la nature a mis entre tous les êtres rompu, on a vu apparaître l'odieuse distinction de riches et de pauvres. La société s'est trouvée partagée en deux classes de citoyens; la première composée de citoyens propriétaires, et la seconde plus nombreuse comprenant le peuple, et l'on a affirmé le droit cruel de propriété sous la sanction de pénalités barbares. L'offense faite à ce droit s'appelle vol, alors que *le voleur, dans l'état naturel, est le riche, est celui qui a le superflu; la propriété exclusive dans la nature est un vol.* Que le besogneux par conséquent, que le déshérité par l'iniquité reprenne le bien commun volé par le riche, et fasse disparaître du monde le droit cruel de propriété, cette honte et cet attentat contre nature. Ainsi parle cet énergumène; ses violences n'ont pas besoin de

(1) V. Code de la Nature.

commentaire. Elles répandent la plus sinistre lumière sur sa théorie du communisme absolu (1).

A l'imitation des écrivains qui précèdent, *Mably* nous donne un code à peu près complet de communisme dans son livre contre Mercier de la Rivière (2); *Helvetius* préconise l'abolition du prolétariat (3); *Condorcet* condamne hautement l'inégalité des conditions et des fortunes (4).

La propriété est à leur avis la cause de tous les maux physiques et moraux qui affligent la société; l'histoire le prouve par une série de faits continus. Que la propriété soit donc abolie, et que l'égalité de fait vienne s'adjoindre à l'égalité de droit. *Diderot,* tout comme Brissot de Warville, conclut, au nom de la liberté et de l'égalité, qu'alors seulement l'homme devra se dire heureux, quand les notions de propriété, de mariage, de famille, de pudeur et de chasteté auront été reléguées, pour aller s'étaler dans les dictionnaires des mythes d'un temps passé (5).

Le philosophisme allemand, du même acabit, suivit une autre voie. Il dédaigna de citer le genre de vie sauvage comme l'astre brillant de la droiture la plus parfaite; mais il n'en admit pas moins les conclusions du philosophisme français. Il eut recours, pour se faire accepter, aux artifices de ces voleurs roués qui, pour mieux réussir, s'habillent élégamment et mettent des gants jaunes. Il supprime, en effet, dans sa théorie la propriété et la remplace par la communauté; mais il le fait avec art et poliment. *Kant* a été le plus habile des maîtres pour développer cet argument. Si nous soulevons le voile artificieux qui recouvre ses doctrines, voici ce qui résulte des théories qu'il a enseignées dans ses

(1) Voir *Recherches philosophiques sur le droit de propriété et le vol.*
(2) *Doutes proposés aux économistes sur l'ordre naturel et essentiel.*
(3) *De l'homme et de son éducation.*
(4) *Tableau des progrès des connaissances humaines.*
(5) Supplément au voyage de Bougainville.

Éléments métaphysiques de la jurisprudence : 1° Il faut concevoir deux États de forme sociale différente : l'un *naturel* et l'autre *civil*. 2° Le premier est dénué de toute justice, le second est l'État *juridique* ou *légal*. 3° Il s'ensuit que les hommes doivent s'employer sans relâche à sortir du premier pour entrer dans le second. Veut-on savoir ce qu'est *l'État de la nature*, et ce qu'est *l'État civil?* Il faut le chercher dans les détours sophistiques de son raisonnement. 4° *L'État de la nature*, d'après Kant, n'est autre chose que tout Etat quelconque revêtu de la forme actuelle. 5° *L'État civil juridique* entraîne l'abolition de la propriété et l'anéantissement de tous les droits particuliers; rien moins que cela. Kant enseigne, en effet, que la propriété doit être considérée comme chose temporaire; tous les droits doivent être concentrés aux mains de l'*État juridique*. 6° Toute loi que celui-ci édicte doit être considérée comme juste, par cela seul qu'elle est *loi* ou l'expression de la volonté générale, infaillible de sa nature. 7° Personnes et propriétés doivent être complètement à sa merci, et nul ni aucune chose ne peuvent être soustraites au droit qu'il a de tout régler conformément à sa volonté. 8° Cet État n'a jamais existé; mais il importe d'en conserver soigneusement l'idée, comme un type idéal dont il faut se rapprocher, en s'éloignant de l'*État de nature*. 9° Cette théorie de tout état particulier quelconque est appliquée par l'auteur à tous les États réunis. Il s'ensuit que si les individus doivent par des lois et des statuts appropriés parvenir peu à peu à la réalisation de l'*État juridique*, tous les États particuliers doivent arriver, en réformant les rapports qu'ils ont entre eux, d'après l'idée d'un *droit cosmopolite* qui les unisse, à former *la république universelle*.

La théorie du philosophe allemand est en tout semblable à celle de Rousseau, en tant qu'elle condamne la forme sociale actuelle, en tant qu'elle défend comme juridique celle de la communauté absolue des biens. Mais elle y ajoute de son propre chef la manière de la réaliser en douceur, et d'en universaliser l'idée dans une république universelle. Il y a, en outre, un changement de tactique dans son développement. Kant ayant observé tout le ridicule que l'on se donnait, en partant d'une société primitive, soit comme fait, soit comme hypothèse, se contenta de réprouver la forme sociale actuelle et proposa, sans plus, le modèle de la future forme légale dont il fallait se rapprocher. C'est de là qu'est sortie l'école *des progressistes* qui, en s'attachant à la théorie du maître, s'étudient à parvenir à l'*État légal* imaginé, par la voie de *réformes progressives* destinées à le réaliser. *Hegel*, partant d'un littoral différent, arrive au même port.

Après avoir fait de l'homme un Dieu, moyennant sa théorie panthéiste, et avoir affirmé que l'État renfermant en lui-même et par lui-même l'universalité et la rationabilité du vouloir est à lui-même son but absolu, Hegel enseigne, par rapport à l'État, ces trois points principaux : 1° l'État est le Dieu réel présent, il est la divine volonté, comme esprit du temps actuel, occupé à se développer sous une forme et une organisation effectives. Il est la vraie divinité terrestre, et doit être honoré comme tel. L'Église n'est pas au-dessus de lui, ni en dehors de lui; l'État au contraire prend la place de l'Église, et se l'assujettit. Pour être homme de vertu et religieux, il ne faut plus que faire ce qui est indiqué et ordonné par l'État. 2° L'État comme but immuable à lui-même a le droit le plus élevé sur tous les individus. Le peuple, comme l'État, est la puissance absolue sur la terre. Tous les individus doivent, sans conditions, s'assujettir à elle, et se sacrifier tout entiers dans l'intérêt de celle-ci. Le devoir suprême des individus est de se faire membre de l'État, attendu qu'ils ne sauraient avoir la moralité vraie, si ce n'est en tant qu'ils sont membres de l'État, lequel est la réalisation de l'idée morale. 3° Dans l'État il y a trois *moments;* de là le développement progressif de l'esprit de chacun des peuples qui, sous la direction de celui qui apparait parmi eux comme le porteur de l'idée mondiale, doivent parvenir, à la fin, par divers degrés, au sommet de la civilisation et du savoir. Telle est la théorie de Hegel, aussi absurde qu'abrutissante.

Dépouillée de sa forme nébuleuse, elle nous offre toute la théorie de Kant. L'État légal, la nécessité pour l'individu d'y entrer, la volonté générale législatrice infaillible, tous les droits des individus réunis entre ses mains, la soumission absolue des membres à ses ordres, l'abolition de toute religion et de toute morale provenant d'une autorité quelconque extérieure à l'homme et à la société sont des points communs aux deux théories.

La forme de la communauté absolue universelle est le terme de l'État idéal de tous les deux. Hegel se distingue seulement, en ce qu'il a octroyé à l'infaillibilité et l'indépendance absolue de l'État enseignée par Kant sa base nécessaire. Il l'a fait en proclamant l'État le Dieu réel présent. Cette théorie créée par de pareils maîtres n'est pas tombée dans le vide. Des disciples fervents se sont mis à la développer, et à en déduire les conséquences. Les doctrines orgueilleuses, abominables et impies prêchées par Grün, par Feuerbach et par d'autres contre Dieu, contre la société, contre la propriété, et contre toute loi morale sont sorties de son sein. Dieu préserve le monde de faire l'épreuve d'une société telle que nous l'ont fait entrevoir les élucubrations forcenées de ces hommes!

En résumé : le communisme réclame : 1° la destruction de la forme sociale basée sur l'autorité, la propriété et les enseignements dogmatiques et moraux d'une religion positive; il la demande au nom d'une théorie par laquelle il prétend démontrer que cette forme est oppressive, inique, corruptrice et cause de ces maux physiques et moraux infinis qui rendent l'homme très malheureux. Il réclame la réalisation d'une nouvelle forme sociale où tous les biens seront en commun. Il la demande en assurant que sous cette forme tous les droits de l'homme triompheront certainement; la vertu refleurira, la félicité la plus pure régnera, et l'on aura enfin ce paradis terrestre, pour lequel seul l'homme est né, mais dont il doit être la cause productrice. C'est ce que promet le communiste français, c'est ce que promet le communiste allemand; avec cette différence pourtant que le premier fait de l'homme une bête, et que le second en fait un Dieu. Mais, dans l'un cas comme dans l'autre, toute responsabilité de la conscience personnelle se trouvant détruite, chacun peut se lancer à la poursuite de ce paradis, qui en réalité n'est que celui de la brute. Telle est l'idée théorique du communisme rationaliste.

CHAPITRE VIII

LE COMMUNISME PRATIQUE AU XVIIIe SIÈCLE SOUS LA FORME RATIONALISTE

Il y avait différents moyens qui pouvaient amener la réalisation du communisme théorique. Les maîtres eux-mêmes donnèrent en même temps que la théorie des préceptes et des règles aux gouvernements sur la voie à suivre pour arriver à la pratique. Rousseau conseillait l'impôt progressif. Celui qui aura dix fois autant de fortune que le commun des citoyens payera dix fois plus que les autres. Il y a le nécessaire et il y a le superflu. Que l'on taxe le superflu jusqu'à ce que le gouvernement l'ait saisi tout entier. Mably voulait qu'on prît des mesures plus vigoureuses. « L'avarice et le luxe, disait-il, sont deux stimulants puissants : le premier à augmenter sa fortune sans mesure; le second à faire étalage de sa richesse, en avilissant ses concitoyens peu fortunés. Que le législateur porte la cognée à la racine du mal. Qu'il proscrive le luxe par une loi somptuaire; qu'il fixe par une loi agraire le maximum des terres que peuvent atteindre les propriétés particulières. Qu'il interdise, par d'autres articles de loi, les testaments, qu'il réorganise les successions de façon que les biens d'une famille ne passent pas à une autre, que les aliénations à titre onéreux soient grevées de formalités tellement excessives qu'elles deviennent à peu près impossibles. » Cette voie paraissait trop longue à Helvétius : Que les lois et les administrations, ajoutait-il, soient changées peu à peu; que l'on diminue les richesses des uns et qu'on augmente celle des autres; que l'on procure à chacun quelque propriété; que le pauvre soit mis en état que sept ou huit heures de travail lui suffisent; que l'éducation soit pour tous. Mais quel gouvernement aurait voulu, à cette époque, suivre les conseils d'Helvétius? Il répondait lui-même qu'il ne voyait pas alors que cette possibilité fût proche (c'était en 1770); mais que l'altération continuelle qui se produisait dans les constitutions des empires prouvait que ses conseils, en fait, n'étaient pas chimériques et que, par conséquent, il ne fallait pas désespérer de la félicité future des hommes.

Mais la propriété n'était pas la seule institution sociale à transformer; aussi y eut-il d'autres conseils. Mably en donna par rapport à la politique. Il aurait voulu que celle-ci fût orientée vers la république; que la France fût partagée en autant de républiques qu'elle comptait de provinces à réunir plus tard par le système fédératif. Il prescrivit des règles pour l'éducation, laquelle, mise tout entière aux mains du gouvernement, devait être publique, obligatoire avec des principes communs à la façon spartiate. La jeunesse serait ainsi préparée à l'avènement de la transformation communiste. Pour ce qui est de la religion, il fut d'avis que le gouvernement prît soin, en édictant de bonnes lois, qu'elle fût mise en harmonie avec la philosophie, et qu'ainsi fût inaugurée la mainmise de l'État sur la religion. Il ne perdit pas de vue la femme. Il proposa, à son sujet, comme une mesure fort utile qu'elle fût élevée comme les hommes. On voit poindre ainsi l'égalité émancipatrice de la femme en vue du communisme futur.

Toutes ces réformes et nombre d'autres conseillées, d'après ce modèle, constituaient la forme pratique d'après laquelle les gouvernements devaient marcher au nom de la philosophie, afin de réformer plus tard avec moins d'inconvénient la société et la préparer à la justice, à la morale et au bonheur, par la communauté absolue des biens.

Les théories furent suivies des premières tentatives d'application à l'Assemblée constituante qui s'était formée aux débuts de la grande révolution française. La *Déclaration des droits de l'homme et du citoyen* qui précède la constitution de 1791 proclamait dans son article XVII le principe suivant : « La propriété étant un droit inviolable et sacré, nul ne peut en être privé, si ce n'est lorsque la nécessité publique légalement constatée l'exige évidemment, et sous la condition d'une juste et préalable indemnité. » Mais sur quelle base s'appuyait cette inviolabilité? Si l'on considère les motifs qui firent trancher les questions les plus graves dans cette assemblée, la base en question était assez faible et incapable de résister au choc opposé. En effet, quand la spoliation du clergé fut mise en délibération, le *droit inviolable et sacré* de la propriété ne réussit pas à empêcher qu'elle ne fût sanctionnée. Le clergé fut complètement spolié, et ses biens furent déclarés biens de la nation. Dans la discussion par rapport à l'égalité des successions en ligne directe, *Mirabeau* (2 avril 1791), se basant sur la théorie de Rousseau, d'après laquelle, quand on a récolté les fruits de son industrie, le champ redevient propriété commune, Mirabeau concluait que le partage des biens a pour origine des accords mutuels passés entre les membres des sociétés naissantes. Mais, dès lors, le droit de propriété pouvant être considéré comme l'effet d'un acte social, il s'ensuit que les lois ne sont pas de simples protectrices, de simples soutiens, mois de vraies génératrices de ce droit. Elles le déterminent donc à leur gré et de leur plein droit, elles l'étendent et le restreignent, d'après la nature du bien social auquel ils doivent le faire servir (1).

Tronchet (5 avril 1791), empruntant lui aussi à Rousseau sa fausse théorie de l'état sauvage de l'homme primitif, affirme que la propriété, dans l'état de nature, est un fait plutôt qu'un droit, et un fait qui provient de la force. Il en tirait à son tour la conséquence que l'origine du droit de propriété se trouve dans les lois conventionnelles, et non pas dans la loi naturelle. Celle-ci ne reconnaît d'autres propriétés que les propriétés communes (2). La base du droit de propriété était par conséquent des plus mobiles. Dépendant de l'arbitraire des législateurs, elle pouvait, à tout moment, demeurer ferme ou être renversée, et de même qu'au commencement il avait paru que le meilleur parti à prendre était celui de la division des biens, dans les temps modernes ou pouvait croire que la communauté valait mieux.

Cette idée, en effet, on avait déjà commencé à la soutenir dans les cercles et les journaux. Au mois de novembre 1790, on s'écriait au *Cercle Social* que « la terre, de par

(1) Hist. parlem. de la Révolution, T. IX, p. 285 et suiv.
(2) Hist. parlem. de la Révolution, T. IX, pages 302 et 303.
Nos lecteurs se diront sans doute, en lisant ces contradictions, qu'il est aisé de se proclamer le champion du droit de propriété, quitte à y faire, sous différents prétextes spécieux, de rudes entailles. A. O.

l'organisation de la nature, est le domaine réel de l'homme, et que l'État social est avantageux aux hommes pour autant que tous possèdent quelque chose, et que nul n'abonde du superflu. » Peu après on lisait dans le journal des *Révolutions de Paris*, que les pauvres rentreront un jour, qui peut-être est proche, dans le domaine de la nature, dont ils sont les fils les plus aimés. » Dès le commencement de 1791, la guerre contre les riches était devenue l'argument le plus savoureux des ultra-démocrates. Il ne se passait pas de jour que les législateurs ne fussent sommés par de pressantes demandes de remettre enfin la nation dans la jouissance des droits primitifs dont elle avait été injustement spoliée depuis des siècles par l'œuvre de l'aristocratie et de la bourgeoisie. En présence de ce langage, ceux-là même qui avaient joui des injustes spoliations d'autrui, craignant pour eux-mêmes, se mirent sur la défensive.

Mais ce fut en vain. Après l'horrible journée du 10 août 1792, la puissance du parti des Jacobins s'étant accrue, les assauts contre la propriété s'accrurent avec elle. On réclamait le salaire pour les citoyens qui siégeaient en permanence dans les cercles; on demandait que les riches fussent chargés de nouveaux emprunts et de nouveaux impôts; que l'on rétablît l'égalité par le moyen de l'impôt progressif.

Le Girondin Rabaut lui-même traçait dans sa *Chronique de Paris* la voie dans laquelle le gouvernement devait entrer, pour arriver, sans employer la force, à établir, même en fait, l'égalité entre les citoyens. « Il convient, écrivait-il, de l'obtenir par le moyen des lois composées de façon à ce que les unes répartissent également la richesse et que les autres, tout en maintenant la division opérée, empêchent les inégalités dans l'avenir. Que le législateur fixe ce que les citoyens peuvent posséder, et que, par des lois appropriées, il en règle l'usage, de manière 1° que le superflu soit rendu inutile à celui qui le possède; 2° qu'au contraire, il tourne à l'avantage de celui qui en souffre l'absence; 3° qu'il devienne profitable à la société. Des héritages, des testaments, des dots, des donations, à quoi bon en parler? Tous savent quelles sont les lois qui leur conviennent, à savoir celles de la suppression. La loi doit précisément fixer le maximum de fortune qu'un individu peut posséder; pour le reste que l'État se mette en son lieu et place et jouisse de son droit (1). Ceci s'écrivait en janvier 1793, et en février on abolissait le droit de faire testament; la plèbe était autorisée à mettre à sac certains magasins de Paris et de grosses contributions de guerre étaient frappées sur les riches. Le communisme était ainsi inauguré par le fait de l'assemblée elle-même.

Mais la révolution ne saurait s'arrêter en chemin. Il faut qu'elle suive sa voie. *Robespierre* mit la main à l'œuvre et fit progresser le communisme, en cherchant à lui donner une existence sociale complète par la proposition d'une nouvelle *Déclaration des droits de l'homme* qu'il avait élaborée. Il la lut le 21 avril de la même année 1793 au *Club* des Jacobins, et en ayant eu l'approbation, il la proposa le 24 à la Convention, pour qu'elle fût mise en tête de la nouvelle Constitution qui se discutait en ce moment.

La propriété y était définie par lui à l'article 7 en ces termes : « La propriété est le droit qu'a chaque citoyen de jouir et de disposer *de la portion des biens qui lui est garantie par la loi.* » Non content d'avoir par cette définition assujetti toute la propriété des citoyens au caprice du législateur, il fournit encore à ce dernier les raisons pour les en dépouiller, en disant à l'article 9 « que la propriété ne doit être préjudiciable ni à la sécurité, ni à la liberté, ni à l'existence, ni à la propriété de nos semblables ».

(1) Hist. parlem. de la Révol, T. XXIII, pages 467 et suiv.

A l'article 11, il établit *le droit au travail et à la subsistance* en soutenant que : « La société est obligée de pourvoir à la subsistance de tous ses membres, soit en leur procurant du travail, soit en assurant les moyens d'exister à ceux qui sont hors d'état de travailler. » A l'article 12, après avoir déclaré que : « Les secours nécessaires à l'indigence sont une dette du riche envers le pauvre », il ajoute : « Qu'il appartient à la loi de déterminer la manière dont cette dette doit être acquittée ».

A la fin, pour que rien ne manque à la destruction savante de la propriété, il introduit dans l'article 13 l'impôt progressif. « Les citoyens, dit-il, dont le revenu n'excède pas ce qui est nécessaire à leur subsistance sont dispensés de contribuer aux dépenses publiques. Les autres doivent les supporter progressivement, selon l'étendue de leur fortune. »

S. Just, le valet de Robespierre, après avoir posé quelques principes, donne, à son tour, l'idée d'une société communiste. D'après lui, pour réformer les mœurs, il faut le partage des biens de façon à ce que chacun en ait sa part. Grande misère se trouve là où il y a de grands propriétaires; l'opulence est une infamie; il faut finir par extirper la mendicité à l'aide du partage des biens entre les pauvres. Un misérable (les démocrates diraient un miséreux) est au-dessus du gouvernement et des puissances de la terre; il a le droit de leur parler en maître. Tous ont l'obligation de travailler, et le propriétaire qui n'exerce aucun métier et qui n'est pas dans les fonctions publiques, s'il a passé les vingt-cinq ans, doit être obligé à cultiver la terre jusqu'à cinquante ans. Ces principes posés voici l'organisation sociale. Les vieillards auront le droit de censurer le gouvernement; il y aura des censeurs et des délateurs à la solde de l'État; le peuple cependant étant impeccable ne saurait être frappé d'aucune censure. Que chaque homme ait sa femme; que le divorce soit permis, s'ils ne s'aiment plus; les enfants dès l'âge de cinq ans et au delà appartiennent à la république; l'éducation doit être commune, la discipline rigide, l'alimentation très frugale. Les testaments sont proscrits, les successions collatérales abolies, sauf entre frères et sœurs.

Mais, dans la république, il y a des gens que l'infortune atteint : que l'État possède de vastes fonds et leur vienne en aide avec les revenus (1). Les Girondins dans l'intervalle ayant été envoyés à la guillotine, et le pouvoir étant tombé à peu près tout entier à la merci de Robespierre et de Marat, la Convention n'en refusa pas moins d'acceper la *Déclaration des droits de l'homme* décrite ci-dessus. Elle demeura inébranlable sur le principe du droit de propriété. La constitution de 1793 (*Déclaration des droits de l'homme et du citoyen)* après avoir déclaré en effet, dans l'article 1er, que : « Le but de la société est le bonheur commun, et que le gouvernement est institué pour garantir à l'homme la jouissance de ses droits *naturels* et *imprescriptibles*, dit dans l'article 2e que ces droits sont l'égalité, la liberté, la sûreté, *la propriété*. »

Après la chute de Robespierre et de ses adhérents, au mois de juillet 1794, les idées communistes ne tombèrent pas avec eux. *Babeuf* s'en fit au contraire l'ardent propagateur. Il en fit un système social, avec la ferme résolution de les réaliser en France. Il fonda *le Tribun du peuple* et se mit à y soutenir avec l'ardeur la plus vive l'égalité absolue des citoyens basée sur la communauté des biens et le travail obligatoire. Le terrain se trouvant déjà préparé, ses théories y prirent assez promptement pied, et il ne fallut pas longtemps pour qu'elles réunissent autour d'elles une foule d'hommes audacieux et prêts à toute entreprise même la plus risquée. Il en fit une société sous le titre de *Secte des égaux*, et choisit le Panthéon comme un lieu

(1) Hist. parlem. de la révolution, T. XXXV, p. 296.

de réunion fort propice à la propagande de sa doctrine. Le nombre des adeptes croissant chaque jour, le Directoire s'inquiéta des projets qui se machinaient, et usa de tous les artifices de la police pour tenir en respect les nouveaux sectaires. Peine perdue! Il fallut en venir à la force ouverte. Bonaparte se chargea de l'exécution. Il fit évacuer le Panthéon et mit les scellés sur ses portes. Remède inutile! La Secte était devenue si puissante que, conspirant en secret la ruine du gouvernement, elle compta en peu de temps au delà de 30,000 hommes prêts à s'insurger, à renverser le Directoire et à établir le système du communisme. Un *comité révolutionnaire* fut formé, on fixa le jour et l'heure où l'insurrection générale devait éclater, et les mesures à prendre pour la faire réussir. On tenait déjà prêts le *Manifeste des Égaux* au peuple français, l'*Acte révolutionnaire* et l'*Organisation du travail commun et égal*. Quelques heures avant que le complot n'éclatât, le secret gardé jusqu'alors par tant de milliers de conjurés fut trahi par un seul. Cela suffit pour que le Directoire fit arrêter à l'improviste et jeter en prison les principaux chefs, prît certaines autres mesures de précaution plus pressantes. La conjuration avait, dès lors, avorté, et la France était sauvée de nouvelles horreurs.

Après ce récit sommaire des faits, passons à l'examen des principes. Les trois documents que nous citions tout à l'heure contiennent non seulement le résumé des théories communistes, mais encore l'organisation sociale pratique de celles-ci. C'est le premier exemple qui s'offre à nous depuis l'antiquité d'une pareille tentative si ponctuellement organisée. L'auteur du *Manifeste* (Sylvain Maréchal) après avoir provoqué les colères populaires, par la sombre peinture des riches qu'il traite d'oppresseurs hypocrites : « Nous sommes tous égaux, poursuit-il, et désormais nous prétendons vivre et mourir égaux comme nous sommes nés; *nous voulons l'égalité réelle ou la mort.* Et nous l'aurons, n'importe à quel prix, malheur à qui ferait résistance à un vœu aussi prononcé! La révolution française n'est que l'avant-courrière d'une autre révolution, bien plus grande, bien plus solennelle, et qui sera la dernière. Le peuple a marché sur le corps aux rois et aux prêtres coalisées contre lui; il en sera de même aux nouveaux tyrans, aux nouveaux tartufes politiques assis à la place des anciens. »

« Il nous faut non pas seulement cette égalité transcrite dans la Déclaration des droits de l'homme et du citoyen, nous voulous l'égalité de fait. Nous consentons à tout pour elle, *à faire table rase, pour nous en tenir à elle seule. Périssent, s'ils le faut, tous les arts, pourvu qu'il nous reste l'égalité réelle.* Nous ne voulons pas la loi agraire. Nous tendons à quelque chose de plus sublime et de plus équitable : *le bien commun ou la communauté des biens.* Plus de propriété individuelle des terres : *La terre n'est à personne.* Nous réclamons, nous voulons la jouissance commune des fruits de la terre : *Ces fruits sont à tout le monde.* Nous déclarons ne pouvoir souffrir davantage que la très grande majorité des hommes travaille et sue au service et sous le bon plaisir de l'extrême minorité. Assez et trop longtemps moins d'un million d'individus disposa de ce qui appartient à plus de vingt millions de leurs semblables de leurs égaux. Qu'il cesse enfin ce grand scandale!

Disparaissez enfin, révoltantes distinctions de riches et de pauvres, de grands et de petits, de maîtres et de valets, de gouvernants et de gouvernés. *Qu'il ne soit plus d'autre différence parmi les hommes que celles de l'âge et du sexe.* Puisque tous ont les mêmes facultés, les mêmes besoins, qu'il n'y ait plus pour eux qu'une seule éducation, *une seule nourriture.* Ils se contentent d'un seul soleil, et d'un air pour tous : *pourquoi la même portion,* et la même qualité d'aliments ne suffiraient-ils pas pour chacun d'eux?... »

« A la voix de l'égalité que les éléments de la justice et du bonheur s'organisent, *l'instant est venu de fonder la république des égaux*, ce grand hospice ouvert à tous les hommes. *Les jours de la restitution générale sont arrivés... Qu'il y ait un seul homme, sur la terre, plus riche, plus puissant que ses semblables, que ses égaux; l'équilibre est rompu :* le crime et le malheur sont sur la terre. »

Ce manifeste est à la fois la réverbération et la conséquence des doctrines professées par la société des égaux. Elles avaient été débattues en commun entre les chefs et formulées en onze articles par Babeuf à qui on les attribue.

Le principe fondamental d'où ils sont issus est que la nature a donné à chaque homme un droit égal à la jouissance de tous les biens. — Art. 1er. Ceci posé on voit aussitôt le motif pour lequel les hommes se sont unis en société. Il n'a pu être autre que celui de se garantir réciproquement cette égalité de droit contre les plus puissants (art. 2). Mais la nature n'offre pas ses biens à la jouissance, comme un mets tout préparé sur la table commune; il faut se les procurer par le travail. Donc, la nature, en même temps qu'elle donne le droit égal à la jouissance, impose l'obligation du travail, et par conséquent nul ne peut s'en dispenser sans commettre un délit (art. 3). De même que le travail doit être commun, de même aussi la jouissance qui en provient doit être commune (art. 4). Il résulte de là les corollaires suivants : 1° Qu'il y a oppression quand l'un s'épuise par le travail et manque de tout, tandis que l'autre nage dans l'abondance sans rien faire (art. 5). 2° Que nul n'a pu, sans crime, s'approprier les biens de la terre et de l'industrie (art. 6). 3° Que dans une véritable société, il ne doit y avoir ni pauvres ni riches (art. 7). 4° Que les riches qui ne veulent pas renoncer au superflu, en faveur des indigents, sont les ennemis du peuple (art. 8). Égaux dans le travail, égaux dans la jouissance, nous devons l'être dans la culture de notre esprit. Nul ne peut donc, par l'accumulation de tous les moyens, priver un autre de l'instruction nécessaire pour son bonheur; l'instruction doit être commune (art. 9). Le but de la révolution est de détruire l'inégalité et de rétablir le bonheur commun (art. 10). La révolution n'est pas finie, parce que les riches absorbent tout bien, tandis que les pauvres travaillent en véritables esclaves, gémissent dans la misère et ne sont rien dans l'État (art 11).

Les enseignements de Rousseau, de Morelly, de Mably et d'autres écrivains en grande réputation à cette époque circulent largement dans le *Manifeste* et dans les onze articles que nous avons résumés ici. Ce sont les mêmes principes et les mêmes conséquences. L'hypothèse de l'homme primitif à l'état sauvage nanti d'aucun autre droit que celui de paître en liberté, comme les autres animaux, la société née par hasard, sans autre but que celui de mieux jouir; l'équilibre rompu par la suite, dans la répartition des jouissances, rupture occasionnée par les artifices funestes et la violence d'un petit nombre d'hommes, la nécessité de la reconstituer sur ses bases primitives, afin de ramener les hommes à la félicité première par le moyen de la revendication du droit de l'égalité oprrimée, tels sont pricisément les fallacieux principes sociaux du rationalisme.

Répandus à outrance par les écrivains du siècle passé, ils devaient trouver, grâce à leur diffusion, des esprits capables de les réduire en un système pratique, des volontés et des bras armés et résolus à vouloir les réaliser, même au prix de proscriptions et de massacres sans nombre.

L'acte d'insurrection le dit ouvertement. La peine de mort était inscrite sur le cartel à porter au bout d'une pique par les chefs du peuple en révolte. « Quand le gouvernement viole les droits du peuple, *l'insurrection est pour le peuple et pour chaque portion du peuple le plus sacré des droits, et le plus indispensable des devoirs.* Ceux qui usurpent la souveraineté *devront être mis à mort par les hommes libres.* »

L'article 10, parmi les vingt articles dont se composait cet acte, ordonnait que « les deux Conseils et le Directoire usurpateurs de l'autorité populaire seraient dissous. Tous les membres qui le composent, ajoutait-il, seront immédiatement jugés par le peuple. »

L'article 11 prononçait que tout fonctionnaire qui aurait donné un ordre quelconque serait à l'instant mis à mort.

Le 12e que toute opposition sera vaincue sur-le champ par la force. *Les opposants seront exterminés.*

« Seront également mis à mort : ceux qui battront ou feront battre la générale, les étrangers qui seront trouvés dans les rues; tous les présidents, secrétaires et commandants de la conspiration royale de vendémiaire. En un mot, le peuple ne prendra de repos qu'après la destruction du gouvernement tyrannique.

» L'article 17 indique les spoliations et les récompenses. Tous les biens des émigrés, des conspirateurs et de tous les ennemis du peuple (c'est-à-dire de ceux qui ne voudraient pas renoncer momentanément à leur propriété privée), seront sans délai distribués aux défenseurs de la patrie. — Les malheureux de toute la république seront immédiatement meublés et logés dans les maisons des conspirateurs (ce qui veut dire qu'ils seront mis à la place des riches tués ou sauvagement chassés de leurs demeures). »

Des meurtres, des rapines, d'iniques appropriations de la façon dont en usent les assassins, tel est en substance cet acte féroce de la révolte communiste.

En cas de réussite du coup de main, la nouvelle organisation à donner à la France était déjà toute prête. Elle était divisée en neuf chapitres. Après avoir déclaré que : « Dans la république, il sera établi une *grande communauté nationale*, on détermine qui est le vrai citoyen et qui ne l'est pas; quels sont les services utiles à la patrie qui constituaient le vrai citoyen; quels biens doivent être considérés comme nationaux, et par quelles voies cette masse initiale de biens devra être augmentée peu à peu jusqu'à devenir universelle; suivent l'organisation des travaux communs, les rétributions, la qualité de l'alimentation, les règles de l'administration publique. Le commerce tant au dedans qu'au dehors de l'État était déclaré supprimé, et la monnaie était bannie (1). » Tel était le statut communiste de Babeuf. Il n'a pas été mis à l'épreuve; mais il a servi de modèle et aussi d'encouragement aux communistes qui sont venus par après.

....

CHAPITRE IX

XIXe SIÈCLE, FORMES MULTIPLES DE COMMUNISME DOCTRINAL REVÊTU D'UN VERNIS FALLACIEUSEMENT RELIGIEUX

....

Le communisme du siècle actuel a pris toutes les formes doctrinales des siècles précédents, mais il y a ajouté du sien, un cadre plus grandiose, des formes plus tranchées en matière de théorie, et certains essais de réalisation au point de vue pratique. Le progrès est manifeste. Au point où nous en sommes actuellement, il ne s'agit plus de proposer les

(1) Voir *Buonarotti*. Conspiration de l'égalité dite de Babeuf suivie du procès auquel elle donna lieu et des pièces à l'appui. Bruxelles 2 vol. 8e. — *L. Reybaud*, études sur les réformations ou socialistes modernes. T. 2. Pièces justificatives de la conspiration de Babeuf, page 205, Bruxelles, 1843.

principes communistes en guise de thèses, et comme une théorie douteuse à débattre. Ce labeur est terminé. On veut aujourd'hui en venir aux faits. Le principe communiste a pris pied chez une fraction notable des ouvriers. C'est pour eux une vérité incontestable. Tous leurs efforts tendent à l'incarner dans une forme sociale quelconque.

Jusqu'en 1848, le communisme crut nécessaire de se donner un certain air de religiosité; il s'en défit plus tard, comme d'un oripeau gênant. *Saint-Simon* posa le principe et, sur le point de mourir, le recommanda chaudement à Olinde Rodrigues, le plus cher de ses disciples. « La der-
» nière partie de mes travaux, lui dit-il, *le nouveau chris-*
» *tianisme* ne sera pas immédiatement comprise. On a
» cru que tout système religieux devait disparaître, parce
» qu'on avait réussi à prouver la caducité du système
» catholique. On s'est trompé; la religion ne peut disparaître
» du monde; elle ne fait que de se transformer... Rodrigues,
» ne l'oubliez pas! » (Le Producteur.)

Ses adhérents, en effet, eurent à peine entre leurs mains le journal le *Globe* en janvier 1831 qu'ils mirent au frontispice un titre où la religion tenait la première place : *Religion, Science, Industrie, Association universelle.*

Cabet fut du même avis. Glorifiant, à sa manière, la doctrine du christianisme, il écrivait que : « Si le christia-
» nisme... étant bien connu... ce christianisme, sa morale,
» sa philosophie, ses préceptes auraient suffi et suffiraient
» encore pour délivrer l'humanité du mal qui l'accable, et
» pour assurer le bonheur du genre humain sur la terre (1). »

Saint-Simon et son école se mirent à l'œuvre de la transformation qu'ils avaient imaginée. Le maître dans son livre du nouveau christianisme pose les principes suivants : « Le nouveau christianisme se composera à peu près des

(1) *Le vrai Christianisme suivant Jésus-Christ.* Préface.

mêmes parties que le christianisme actuel. Il aura sa morale, son culte et son dogme. Mais la morale sera considérée comme étant la partie substantielle, le culte et le dogme seront la partie accidentelle. La morale sera déduite directement du principe. « Les hommes doivent en user mutuellement entre eux comme des frères. » Ce principe sera proposé sous cette formule : « La religion doit diriger la société vers le grand but, d'améliorer la condition de la partie la plus pauvre, de la façon la plus rapide possible. Les fondateurs et les chefs du nouveau christianisme sont les hommes les plus capables d'augmenter, par leur action, le bien-être de la partie la plus pauvre. » Ainsi parle le maître. Les disciples faisant l'application des principes qu'ils avaient appris en composèrent un tout, où sous le masque d'un christianisme nouveau, on mettait sur pied un véritable antichristianisme. En effet, à la société politique chrétienne qui a à sa base le droit individuel, on substituait la société de la communauté où ce droit est né (1); à la mortification des passions on substituait leur déchaînement; à l'obligation de l'union perpétuelle dans le mariage, on substituait la liberté de se désunir selon ses caprices, et la fin surnaturelle d'une vie éternelle et céleste proposée par le christianisme était remplacée par celle d'une vie temporelle et toute charnelle.

Cette doctrine, dit M. Thonissen, peut, ce nous semble, être réduite aux principes suivants :

« Tous les hommes sont égaux; ils ont droit aux mêmes prérogatives et aux mêmes jouissances; *la société ne doit reconnaître d'autre inégalité que celle résultant de la différence des capacités*. A chacun donc, selon sa capacité, *à chaque capacité selon ses œuvres*.

(1) Aujourd'hui, par un incroyable abus de langage, la démocratie nouvelle se dit le christianisme *intégral*, tandis *qu'il est de foi* qu l'Église catholique est une monarchie. A. O.

» La femme est l'égale de l'homme. Elle doit posséder les mêmes droits, jouir des mêmes priviléges. Rien ne s'oppose à ce qu'elle devienne artiste, savant, magistrat, prêtre. Le christianisme a émancipé l'homme; la religion nouvelle émancipera la femme que le christianisme a tenue dans la subalternité. *Elle créera la femme libre.*

» Tous les membres de la société doivent recevoir une éducation commune, égale, sociale et *professionnelle.*

» La chair doit être réhabilitée. Le paganisme a été purement sensuel; le christianisme *réaction exagérée* contre les débauches païennes est tombé dans l'excès contraire. *Les plaisirs des sens sont choses saintes.* Il ne faut pas que l'homme soit tiré à droite par la chair, à gauche par l'esprit : l'antagonisme entre l'âme et le corps doit cesser; le *dualisme catholique* doit disparaître. L'adage : *Abstenez-vous, mortifiez-vous* sera remplacé par cet autre : *Sanctifiez-vous dans le travail et dans le plaisir.*

» L'homme et la femme se réuniront et se quitteront librement; aussi longtemps qu'ils seront réunis, ils ne formeront qu'une *unité collective*, un *androgyne* composé de deux éléments associés.

» Tous les progrès de la civilisation se sont effectués sous l'impulsion vivifiante des croyances religieuses. Partout les prêtres ont été les ouvriers du progrès. Un sacerdoce puissant, une autorité religieuse suprême sont indispensables à la vie sociale. Ce sacerdoce se composera des hommes les plus capables dans la science, l'industrie et les arts. Le plus savant, le plus habile, *le plus aimant, le plus beau,* le meilleur sera prêtre.

» La famille humaine ne doit être qu'une vaste société de travailleurs, gouvernée par une hiérarchie sacerdotale.

» La propriété et l'hérédité sont des *priviléges* incompatibles avec l'égalité. Les capitaux de toute nature ne sont que des instruments de production. Les terres et l'argent doivent être donnés aux prêtres. Ceux-ci les confieront gratuitement aux plus laborieux, aux plus habiles, aux plus dignes : ils feront ce qu'ont coutume de faire les capitalistes et les propriétaires, sans rien exiger des fruits du travail. D'un côté l'oisiveté devenant un titre d'exclusion, tous se mettront à l'œuvre, et la production s'accroîtra d'une façon prodigieuse; d'autre part, le travail et le mérite devenant la seule base de la répartition, le sacerdoce réalisera le principe : *A chacun selon sa capacité, à chaque capacité selon ses œuvres.*

» Le prêtre détenteur de la fortune sociale, distributeur des instruments du travail, sera à la fois chef spirituel et temporel, législateur et juge; il sera *la loi vivante.* Il n'y aura plus un empereur et un pape; il y aura un père. Tous les biens seront biens d'Église; et toutes les professions seront choses religieuses.

» L'humanité a successivement passé de l'anthropophagie à l'esclavage, de l'esclavage au servage, du servage au travail salarié. Un dernier progrès est à réaliser : le *salaire* doit disparaître par la constitution de l'association hiérarchique universelle (1). »

En résumé, abolition de la propriété, abolition de la famille, abolition de la religion, et sur toutes ces ruines, on vient de voir ce qu'a su fabriquer l'école Saint-Simonienne, c'est-à-dire une communauté où domine le despotisme le plus étendu, doté du droit d'autorité, l'industrialisme universel à titre de loi inviolable de la nature, et la passion la plus dégradante ceinte de l'auréole éclatante de la sainteté.

Après la chute de cette école, *Fourier* mit sur pied la sienne en lui donnant un vernis religieux en apparence. Recherchant, en effet, quelle était la règle vraie, constante et infaillible à suivre pour gouverner les peuples et les rendre heureux, il ne sut la découvrir ailleurs que dans la

(1) V. THONISSEN. *Le Socialisme,* t. I, p. 202 et suivantes.

loi de l'attraction universelle, mise par la main de Dieu lui-même dans les corps célestes. Dieu, dit-il, se sert de la seule attraction comme d'un instrument éminemment propre, pour gouverner avec un ordre harmonique les mouvements des planètes et des soleils. Or, ceux-ci étant des créatures qui nous sont immensément supérieures, la loi de l'attraction doit valoir, à plus forte raison, dans le gouvernement des hommes à titre de loi suprême d'ordre et d'harmonie. Donc, s'il arrive que cette loi soit mise en pratique dans la réglementation de la société humaine, le bonheur, l'harmonie et l'unité refleuriront infailliblement sur la terre. La force de l'attraction se manifeste dans les tendances des différentes passions auxquelles leur tempérament assujettit les hommes.

C'est pour ce motif qu'il lui a donné le nom *d'attraction passionnée*. La conséquence c'est qu'il faut lâcher la bride à toutes les passions. Elles sont autant d'impulsions divines et ne peuvent être refrénées, sans méconnaître l'action du Seigneur.

Mais ce n'était pas tout d'avoir découvert la loi en général, il fallait savoir en faire l'application particulière. Fourier se mit à l'étude avec acharnement et se donna un mal imaginable pour organiser la société d'après la loi de l'attraction passionnée, de façon qu'il en résulte sur la terre, parmi les hommes, cette harmonie suave et jamais troublée qui se manifeste dans les sphères célestes. Autant il y a de tendances des passions humaines, dit-il, autant il y a de caractères qui en résultent parmi les hommes, autant il y a donc d'individus qui doivent former entre eux un accord harmonieux social sous la loi de l'attraction. Poursuivant son raisonnement d'après ces données, Fourier conclut à la fin que l'accord harmonieux cherché aurait lieu entre 1620 ou entre 1800 individus et qu'en deçà comme au delà de ces nombres, il y aurait dissonance et confusion. Partant de là, il établit, à titre de loi inviolable, que la société devra être divisée en autant de *phalanges* qu'il y a de fois 1620 ou 1800 individus. Chaque phalange sera logée dans un grand corps de bâtiment capable de l'abriter commodément et qui sera appelé *phalanstère*. Les passions y auront leur libre jeu et l'harmonie et l'unité du bonheur y seront infaillibles. Un terrain approprié au travail et à l'alimentation devra se trouver autour de l'habitation de chaque phalange. Mais, en vertu de la loi fondamentale, toute contrainte étant bannie, le règlement de Fourier disait : Tout travail soit agricole, soit industriel pouvant être divisé en plusieurs parties, que chacun se mette à celle pour laquelle il sentira le plus d'attrait. Ceux qui sont appliqués aux différentes parties prendront le nom de *groupes*, et la collection des groupes qui s'occupent du même travail s'appellera *série*. L'éducation sera commune, et les enfants, à mesure qu'ils gran diront, seront incorporés aux séries et rattachés à ces groupes vers lesquels la tendance de la passion les fait pencher spontanément. La vie en commun que l'on mènera au phalanstère et le travail exécuté sous l'impulsion agréable de la passion seront la source de gains matériels immenses.

Dans l'ordre politique, le suffrage universel décidera de tout. Les groupes, les séries, les phalanges, éliront leurs chefs ou maîtres, et toutes les phalanges réunies nommeront le pouvoir suprême. Les élus pourront être changés, chaque fois qu'il plaira aux électeurs; et leurs ordres pourront être exécutés ou non, ou jusqu'au point où ils exerceront une attraction sur les âmes.

Dans l'ordre moral, le système de Fourier supprime complètement le mariage indissoluble. Chacun et chacune suivront le bon plaisir de leur tendance amoureuse. La polygamie et la polyandrie sont autorisées au plus haut degré. Une plume honnête se refusant ici à entrer dans des détails ultérieurs, nous nous contentons de dire que l'organisation morale tracée par Fourier est un cloaque qui répand des miasmes insupportables. Le réformateur n'en excite pas moins à la satisfaction sans frein de toutes les passions promettant les plus grands prodiges de bonheur, pourvu qu'on soit fidèle à l'ordre moral imaginé par lui. Si l'espèce humaine est sans cesse dans les larmes et l'agitation, si elle est martyrisée par la misère, la corruption, les assassinats, l'oppression, le délit, la confusion universelle, tandis que tous les autres êtres, depuis les astres jusqu'aux plus vils insectes, accomplissent *harmonieusement* leurs destinées, la cause d'un si grand mal, ce sont les législateurs, ce sont les philosophes, ce sont les prêtres, parce que, jusqu'à cette heure, ils ont empêché de suivre *la loi de l'attraction passionnée;* parce qu'ils ont remplacé celle-ci par leurs propres caprices appelés *devoirs*. Pour conclure, l'ordre, le bonheur ne fleurit plus, comme on l'a toujours cru, là où règnent la vertu, le sacrifice, l'héroïsme, mais là où triomphe la passion la plus vile, le sentiment le plus brutal de l'homme.

Telle est la nouvelle forme sociale découverte par Fourier que certains publicistes solennellement grotesques ont appelé le *Christophe Colomb du monde social*. L'œuvre du Seigneur devra y avoir un plein succès et l'humanité s'y noiera dans une mer de béatitude; mais ce Seigneur, qui était-il, dans la pensée de Fourier? On ne saurait le dire exactement. Si, en effet, en un endroit, il le dépeint comme un être éternel, tout-puissant, personnel, créateur des mondes, auteur des lois de l'attraction et de l'harmonie, dans un autre, il lui prête la forme d'un *fluide boréal mâle*, et d'un *fluide austral féminin*, et il affirme que la nature est, elle aussi, éternelle et se compose de trois principes éternels, incréés et indestructibles : *Dieu*, la *matière* et la *justice* ou ce qui revient au même des principes *mathématiques*. En deux mots le système de Fourier n'est, en définitive, qu'un répugnant panthéisme (1).

(1) Voir la Théorie des quatre mouvements et le Traité de l'association domestique-agricole.

Pierre Leroux, disciple d'abord de l'école Saint-Simonienne, puis inventeur d'une théorie nouvelle, se fit un grand nom de philosophe par deux écrits qu'il publia, le premier sous le titre d'*Égalité*, et le second sous celui de *Réfutation de l'éclectisme*. Il y fit artificieusement entrevoir qu'il conservait au dedans de lui-même bien d'autres vérités, et le secret de la religion de l'avenir. Aussi ses admirateurs le pressèrent-ils, et le conjurèrent de ne pas garder plus longtemps pour lui seul ce trésor de vérités, mais d'y faire participer le monde qui en attendait le résultat avec anxiété. Il se rendit à la fin à ces sollicitations, et publia ses deux volumes de l'*Humanité*. Sa théorie est divisée en cinq livres où il déploie les plus grands efforts pour essayer follement de renverser la doctrine du catholicisme. S'imaginant y avoir réussi, il en arrive à exposer sa propre conception. Pour ce qui concerne la question que nous traitons dans ces études, le point capital sur lequel s'acharne Pierre Leroux, c'est de chasser du monde la charité chrétienne qu'il dit être une chose vieille, démodée et imprégnée de trois graves défauts, et de mettre à sa place la *solidarité mutuelle* (1). Mais, par quelle voie peut-on arriver à réaliser ce nouveau principe? La chose n'est pas malaisée. En faisant en sorte que chaque jour s'établisse plus solidement dans la vie sociale la formule : *liberté, fraternité, égalité*. La révolution française a voulu donner dans ces trois mots le résumé de la politique, et elle a bien fait. Ils correspondent en effet complètement à la formule sous laquelle l'homme se manifeste. Considéré en lui-même, l'homme n'est autre chose que sensation — sentiment — connaissance.

La liberté exprime l'activité de vie extérieure et à ce point

(1) Il est aisé de voir que la doctrine du novateur a laissé des traces après elle. La charité sonne mal à d'autres oreilles qu'à celles de Pierre Leroux. A. O.

de vue, elle se rapporte fort bien à la sensation. Mais l'homme, en traitant avec ses semblables, ne saurait exercer son activité, sans se sentir pris envers eux d'une affection bienveillante ou hostile, et, de la sorte, on le voit la fraternité se rapporte directement au sentiment. L'intelligence, si elle est interrogée par rapport au motif pour lequel la liberté et la fraternité doivent dominer ces rapports qui lient les hommes entre eux, l'intelligence ne saurait répondre autre chose sinon que cela arrive parce que tous les hommes sont égaux.

« Il y a, dit P. Leroux, toute une science dans ce mot » *égalité*, une science aujourd'hui obscure et enveloppée de » ténèbres; l'origine et le but de la société sont *cachés* » dans ce mot, comme dans l'énigme du sphinx (1). » Elle a été proclamée, en guise de principe, par Rousseau et elle est devenue une croyance, une religion. Leroux de son côté ne se fait pas faute de mettre cette idée en lumière, soit en démontrant, à l'aide d'exemples, qu'aujourd'hui la vraie égalité n'existe pas, quoique le mot soit écrit dans les codes; soit en faisant entendre que la cause de ce grave désordre social n'est autre que la division des citoyens en différentes classes, en riches et en pauvres, et de la sorte, il est arrivé à faire voir, même aux aveugles, que la théorie *cachée* dans ce mot *égalité* n'est autre chose, au final, que celle d'une nouvelle organisation sociale, dans le sens du communisme.

Il est aisé de voir quelle est la genèse des trois formes que nous venons d'indiquer. Elles doivent toutes les trois leur origine au panthéisme, avec cette différence que la théorie de Saint-Simon et celle de Fourier se présentent sous une forme grossière et triviale, tandis que celle de P. Leroux a un certain air d'élégance et de culture. Mais au fond c'est la même. Issues de la même cause, elles arrivent à la

(1) *L'Égalité*, p. 4.

même conséquence. Dans l'hypothèse du panthéisme, de quelque nature qu'il soit, tout l'homme est Dieu. Donc, le corps non moins que l'esprit est chose divine, et par suite les tendances des passions qui en sortent doivent-elles aussi être dites divines. Il est dès lors évident que tourmenter sa chair par les mortifications, que refuser aux passions la satisfaction qui leur est propre serait un outrage à la divinité elle-même. De plus, tout homme individuel étant chose divine, il en résulte comme conséquence évidente : 1° que tous les hommes doivent être égaux, non seulement en droit, mais en fait; 2° qu'il y a entre eux une étroite solidarité mutuelle, comme étant des parties du tout universel. Mais, comme il est impossible que soit l'égalité de fait, soit la solidarité susdite se vérifient dans une société, à moins qu'on n'y introduise une organisation communiste, il faudra, de toute nécessité, conclure que, dans le système panthéiste, la conclusion à laquelle on doit fatalement arriver n'est autre que le communisme, comme en effet Saint-Simon, Fourier et P. Leroux y sont arrivés.

Le système du *Nouveau Christianisme* et de *la Religion de l'avenir* n'ayant pas réussi à établir le communisme, on tenta d'arriver au même but par une autre voie en faisant de l'Évangile de Jésus-Christ une vaste école de communisme, et des Pères de l'Église autant de maîtres de la même doctrine. On écrivit des brochures, on écrivit des articles et des appendices sur ce ton dans les grands journaux, et l'on cria aux quatre vents du ciel que Jésus-Christ et les Pères de l'Église avaient été les grands prédicateurs du communisme; que si leurs enseignements n'avaient pas eu de prise sur le peuple chrétien, la faute en était à la méchanceté des riches et des puissants qui, plutôt que de se conformer à une doctrine pareille contraire à leur cupidité, ont préféré la fausser (1). « Si le christianisme, écrivait

(1) On peut, nous semble-t-il, rapprocher de ce procédé les audaces

» avec amertume le communiste *Cabet*, si le christianisme » avait été interprété et appliqué dans l'esprit de Jésus-» Christ... sa morale, sa philosophie, ses préceptes auraient » suffi et suffiraient encore pour établir une organisation » sociale et politique parfaite, pour délivrer l'humanité du » mal qui l'accable et pour assurer le bonheur du genre » humain sur la terre (1). » Or, cette organisation sociale et politique parfaite que d'autres n'ont pas su découvrir dans les doctrines du christianisme, le regard perçant de Cabet l'y a vue et il nous l'offre en traits assez distincts là où il se met à définir ce que veut dire *le royaume de Dieu*, tant de fois nommé par Jésus-Christ. « C'est, dit-il, une » nouvelle organisation sociale... *une nouvelle société*... » basée sur la volonté de Dieu, sur l'amour paternel, sur la » fraternité, sur l'égalité, sur la souveraineté du peuple, » sur *la démocratie radicale et pure*, sur la suppression » des privilèges et de toute espèce de domination (2). »

Mais, si c'est là le royaume de Dieu, Cabet n'avait pas besoin d'entasser tant de mots, il pouvait dire plus brièvement : le royaume du Christ, c'est le communisme.

Il est vrai que cette définition, on pouvait la rejeter, et de plein droit, attendu qu'il n'y pas, dans l'Évangile, un seul mot pour la justifier de quelque façon que ce soit. Mais il a prévenu cette objection, quand il a écrit : « Jésus sait » bien que les Romains, les rois juifs, les prêtres et les

de langage de certains esprits aventureux que nous nous abstenons de nommer, prétendant que jusqu'à Léon XIII l'Église ne s'est guère occupé des classes laborieuses, et n'a pas compris la démocratie. Ce langage qui est une injure gratuite au grand Pape qui gouverne l'Église est un démenti ignorant donné à l'histoire. Quant à la démocratie, elle représente si peu le catholicisme intégral que l'Église (c'est une notion de foi) a été fondée par Jésus-Christ sous la forme monarchique. A. O.

(1) *Le vrai Christianisme suivant Jésus-Christ*. Préface.

(2) Ibid., p. 107 et 108.

» riches seront ses adversaires et ses ennemis, et s'efforceront » de le faire mourir; il sait que les prêtres l'accuseront » d'être un révolutionnaire, un séditieux, de pousser le » peuple à la révolte, d'aspirer à se faire roi des Juifs, et » de se déclarer ainsi contre César. Il est donc obligé... de » déguiser sa pensée sous des allégories et des paraboles, » et jamais il n'expliquera clairement ce qu'il entend par » règne ou royaume des cieux ou de Dieu (Ibid.) » La découverte ne pouvait être plus indigne d'un honnête homme. Pour colorer le mensonge, on accuse Jésus-Christ d'avoir dissimulé sa doctrine. L'Évangile nous donne, en termes des plus explicites, le sens de ces mots *royaume de Dieu*, et il nous le donne tel qu'il est sorti de la bouche du divin maître.

Le royaume de Dieu n'est pas un royaume de ce monde, comme se l'imagine Cabet, mais un royaume spirituel, avec une organisation et un gouvernement tendant à une fin pareillement spirituelle. La nature de l'autorité donnée par Jésus-Christ à S. Pierre, et la qualité de la mission dont ses apôtres ont été investis par lui en font complètement foi.

Cabet n'a pas été le seul qui ait vu le communisme préconisé dans l'Évangile. *Considérant* non seulement l'y a vu sans objections dignes d'une réponse, mais après l'y avoir découvert il l'a trouvé, si clair, si évident, qu'il a jeté le défi à tous les docteurs de l'Église de lui prouver le contraire s'ils en étaient capables. « Le socialisme, disait-il, s'élève du sein » des peuples; c'est un mouvement bien autrement fort et » profond que celui de la philosophie du XVIIIe siècle. Le » socialisme revendique pour lui l'Évangile, et les pures » traditions de la religion des faibles et des opprimés; il » expose ses titres et ses témoignages. Qu'ont à dire ceux » qui se prétendent les gardiens des témoignages, les con- » servateurs de la parole? Qu'ils parlent donc!... Parlez, » vous ne pouvez plus vous taire, docteurs de l'Église,

« prédicateurs, évêques, cardinaux, pape (1)! » Le défi était plus qu'insensé.

Mais peut-être le vaillant paladin ignorait-il que ces témoignages dont il faisait tant de cas n'étaient que de misérables falsifications du texte original (2). En voici quelques exemples. M. Eugène Pelletan prend sur lui de prouver aux lecteurs de *la Presse* que les Pères des premiers siècles professaient tous la doctrine du communisme. Il se met en conséquence à citer une longue enfilade de textes des saints Pères ayant tous un caractère communiste, au point de susciter un profond étonnement. Que l'on se figure S. Clément d'Alexandrie, S. Grégoire de Nazianze, S. Jérôme, S. Jean Chrysostome, S. Augustin, S. Ambroise et bien d'autres écrivains ecclésiastiques paraissant sur la scène, comme d'ardents communistes! Mais, faut-il le dire, ce n'était là qu'un misérable artifice, un jeu dont il usait en comptant sur l'ignorance de ses lecteurs.

Citons quelques exemples : il attribuait à S. Clément d'Alexandrie la doctrine que « la vie commune est obligatoire pour tous les hommes, et que l'iniquité seule avait pu faire dire à quelqu'un : *Ceci est à moi* et à un autre : *Cela est ma propriété.* » Or, cette doctrine S. Clément ne la donnait pas comme étant la sienne, mais comme étant celle de l'hérétique Carpocrate (3).

Il mettait, sans scrupule, à la charge de S. Grégoire de

(1) *Le Socialisme devant le vieux monde, ou le vivant devant les morts*, p. 212.

(2) Il paraît, nous le constatons à regret et avec une profonde répugnance, que ce procédé de falsifier, de tronquer les textes mêmes d'un document, de donner ses appréciations personnelles comme étant le texte, est cultivé également par les coryphées de la démocratie nouvelle. Nous l'avons surpris en Amérique à propos du *tolerari potest* adressé de Rome à Mgr Ireland, où nous le voyons appliqué et même avec une désinvolture fort peu édifiante. Une cause qui a recours à de pareils procédés est jugée. A. O.

(3) *Stromat* lib. III.

Nazianze le principe « que la terre est commune à tous les hommes, et que par conséquent les produits de celle-ci appartiennent à tous, sans distinction ».

Or, ce principe qui est celui de Rousseau : *les fruits sont à tous, la terre* à personne sortait des écrits du S. Docteur mutilé. La suppression de deux mots opérée par le faussaire donnait le change au lecteur, et lui laissait ignorer que dans ce passage S. Grégoire parle de l'homme primitif (1).

Il mettait au compte de S. Jean Chrysostome la théorie : « que les riches sont des voleurs; qu'ils assiègent la voie publique et dévalisent les passants, qu'ils forment de leurs demeures autant de cavernes où ils ensevelissent le bien d'autrui. » Ici encore le triste personnage a recours au même procédé honteux de supprimer certains mots qui indiquent clairement que S. Chrysostome parlait en cet endroit des riches livrés à des trafics coupables, et si tenaces qu'ils auraient plutôt subi la mort que de faire l'aumône d'un denier (2).

Il est clair qu'en y allant de ce pas, il ne fallait pas à M. Pelletan beaucoup de génie pour faire de grandes citations de Pères transformés en communistes, mais seulement de l'audace et une mauvaise foi insigne. Et cependant d'autres sont venus, et voyant le profit qu'on pouvait tirer de cet art infâme, ils se sont mis à l'exercer dans l'intérêt de la cause communiste. Mais la fortune d'ordinaire ne sourit pas longtemps au mensonge. (Que nos démocrates se le tiennent pour dit; eux aussi seront démasqués et leurs falsifications et leurs mensonges mis à nu.) Quand on se fut rendu compte de l'inanité et de la turpitude des formes panthéistes et du procédé indigne que l'on employait pour faire de l'Évangile et des Pères deux appuis doctrinaux du communisme, la

(1) Discours XIV.
(2) Homélie sur Lazare.

théorie fut sifflée. Les chefs de la secte crurent alors devoir recourir au roman pour captiver la faveur de la foule.

Cabet se chargea de ce soin. A l'imitation de l'*Utopie,* de Thomas Morus, il écrivit et publia un roman intitulé : *Voyage en Icarie.* Le voyageur est un seigneur anglais, et l'Icarie est le pays où il trouva le communisme en pleine floraison. Son écrit est divisé en trois parties ou trois scènes. Dans la première, il décrit la condition fortunée de l'Icarie depuis qu'elle jouit de l'organisation communiste; dans la seconde, il définit l'infortune antérieure où elle était plongée et raconte comment elle avait réussi à s'en affranchir. Dans la troisième, il met en avant les arguments de tout genre pour exalter et appuyer le communisme. Les deux premières parties présentent deux tableaux ingénieusement arrangés, des images de teintes si opposées, et si vivement mises en relief que, mis en face l'un de l'autre, les deux tableaux en question présentent un contraste si frappant de ténèbres et de lumière, de sauvagerie et de culture, d'horreur et de brillant, de béatitude et de douleurs, de joies et de larmes, qu'au premier coup d'œil l'Icarie communiste paraît être le paradis, et l'Icarie non communiste l'enfer lui-même. Icarie, la ville capitale de tout ce bienheureux royaume, se dresse majestueuse flanquée de cent autres villes capitales d'autant de provinces et brille parmi elles comme le soleil parmi les astres inférieurs. Les demeures, les officines, le palais du conseil, les voies et les places publiques, tout en un mot de ce que requiert une ville semble une merveille d'architecture, de beauté, de commodité. Toutes les autres cités sont sur le modèle de la capitale. Les habitants y vivent dans une parfaite communauté de biens, de travail, de droits et de devoirs, de bénéfices et de charges. Ils ne connaissent ni la propriété, ni la monnaie, ni la vente, ni l'achat. Égaux en tout, tous travaillent également pour la république et au profit de la communauté. Celle-ci prend soin de recueillir les produits de la terre et des industries, de les répartir également, de pourvoir les citoyens du vivre, de vêtements, de logements, de les instruire, de les fournir de tout ce dont ils ont besoin (page 99). A cet effet, la république détermine et amasse tout ce qu'il faut pour l'aisance de la vie; elle construit des ateliers, elle y groupe et y coordonne les ouvriers, et sur un signe d'elle hommes et machines qui appartiennent à la nation sont en mouvement. Il n'arrive jamais que ni les matières premières, ni les instruments nécessaires, ni l'application des découvertes industrielles les plus utiles viennent à manquer. La république pense à tout, elle ne néglige aucun moyen qui soit utile au travail. Il s'ensuit que les entrepôts immenses de la nation regorgent en tout temps de tout ce qui contribue à l'aisance de la vie.

Et il ne faudrait pas croire qu'il faille beaucoup de travail pour en arriver là. En Icarie, il y a des machines si prodigieuses qu'elles n'ont besoin que d'une simple surveillance de l'homme. Celui-ci est uniquement chargé de leur fournir la matière voulue, de les tenir en mouvement et de les guider. Il n'en faut pas plus. Elles travaillent d'elles-mêmes et confectionnent les matières qu'on leur livre, et peu s'en faut qu'elles ne les remettent aux ouvriers assistants. Il en est à peu près de même de la culture des champs, c'est la même merveille des machines agricoles, et la même facilité de travail. Il y a de l'ordre et de la discipline dans les champs et dans les usines; les chefs sont électifs, les règlements fixes. Parmi ces derniers, ceux qui sont communs à tout l'ensemble du travail sortent de l'assemblée nationale, les règlements particuliers des différentes professions sont faits par le suffrage des ouvriers qui y appartiennent (1). On n'entend par là, ni clameurs,

(1) La ressemblance de l'usine cabétienne avec ce que réclame l'intelligente démocratie nouvelle est frappante. L'usine constitutionnelle, la voilà. A. O.

ni plaintes, ni accusations. Les mœurs sont pures, intactes, le délit est inconnu. Genre de vie sans souci, travail léger, nourriture saine et abondante, jouissance pacifique et continue, tels sont les éléments qui constituent cet ensemble de bonheur auquel peut arriver la société.

Si à présent nous tournons nos regards vers le tableau social que présentait l'Icarie, avant la suppression du droit individuel de propriété et l'introduction du communisme, nous sommes saisis d'une légitime horreur. Qu'y voyons-nous en effet? La misère et l'abrutissement des masses, un prolétariat pire que l'esclavage, la discorde dans l'industrie, le désordre dans le gouvernement, le désordre dans le travail, des injustices, des fraudes, des usures, des assassinats, des parricides, des discordes, des haines, des concubinats, des adultères, la prostitution, et tout ce qui peut rendre une société odieuse, abominable, maudite aux yeux du lecteur.

Cette scène d'horreur vous excite encore davantage contre la société basée sur le droit individuel de propriété, quand l'auteur vous affirme, en citant des preuves à l'appui, que cette société n'est pas celle qui est établie d'après les enseignements de Jésus-Christ, mais une société adultère et corruptrice de la doctrine évangélique, quand il vous dit que la vraie société chrétienne est celle où règne le communisme, et que Jésus-Christ a été le premier communiste! — C'est incroyable, nous dira-t-on, Cabet n'a pu aller jusque-là. — C'est incroyable, oui, mais c'est la vérité pure. L'auteur se montre même tellement convaincu de son idée qu'il en éprouve la satisfaction la plus profonde, comme s'il avait découvert, à la fin, *le remède à tous les maux de l'humanité*.

« Mon plan de communauté terminé, écrit-il, je lus ou relus
» tous les philosophes les plus célèbres, et je ne puis dire
» encore le plaisir que j'éprouvai quand je découvris que
» ceux des philosophes que je ne connaissais pas et ceux
» que j'avais lus autrefois... confirmaient mon opinion sur

» presque tous les points en question. *Ainsi fortifiée, ma » conviction devint inébranlable* » (page 517). Mais il ne songeait pas, le plaisant personnage, que celui qui écrit peut mettre sur le papier les tigres et les lions dans les flots, les baleines et les requins dans les forêts, mais non pas changer la nature de l'homme, la faire différente de ce qu'elle est. Ses fantaisies que l'on avait prise pour des réalités parurent ce qu'elles étaient quand il les mit à l'épreuve en Amérique. Les principes fondamentaux sur lesquels repose la société sont tout différents de ceux qu'a imaginés Cabet. Nous les avons examinés ailleurs, et nous l'avons démontré.

CHAPITRE X

XIXe SIÈCLE. — AUTRES FORMES DE COMMUNISME DOCTRINAL D'UNE TEINTE ATHÉE, POLITIQUE ET ÉCONOMIQUE

Le premier écrivain qui se présente à nous, c'est *Proudhon*. Sorti du peuple, il se déclare épris d'une grande affection pour lui. Dans l'un des écrits qu'il devait envoyer annuellement à l'Académie de Besançon en retour d'une pension qu'elle lui faisait, il proteste qu'il consacrera toutes les forces de son âme et de son corps à l'amélioration de la condition physique, morale et intellectuelle de ceux qu'il se plaisait à appeler ses frères et ses compagnons, à répandre et à propager parmi eux la semence d'une doctrine qu'il estimait être la loi morale du monde En quoi consistait cette doctrine? Il est aisé de le déduire des écrits de Proudhon.

Elle consistait en une triple haine sombre et féroce : 1° *Haine contre le droit de propriété.* S'étant posé la question de savoir ce qu'est la propriété, il répond aussitôt et sans ambages : *la propriété, c'est le vol.* Et jouissant de cette réponse comme d'une découverte précieuse, il s'en vante hautement : « La définition de la propriété, écrit-il, est » mienne, et toute mon ambition est de prouver que j'en ai » compris le sens et l'étendue. *La propriété, c'est le vol.* » Il ne se dit pas en mille ans deux mots comme celui-là. » Je n'ai d'autre bien sur la terre que cette définition » de la propriété, mais je la tiens plus précieuse que » les millions de Rothschild, et j'ose dire qu'elle sera » l'événement le plus considérable du règne de Louis-» Philippe (1). » Il était, en effet, si convaincu de la valeur et de la force de cette définition, qu'il croyait avoir par elle seule accompli l'œuvre qu'il s'était proposée, à savoir celle d'avoir blessé à mort le droit de propriété. Partout, en effet, où serait lu l'écrit dans lequel il l'avait donnée, la propriété serait tôt ou tard exterminée; avec elle disparaîtrait le privilège et la servitude, et au despotisme de la volonté succéderait le règne de la raison (2).

2° *Haine contre Dieu.* Quand on lit les œuvres de Proudhon, on serait presque tenté de croire, et avec raison, qu'un démon sorti de l'enfer s'est incarné en lui pour faire entendre au monde les fureurs et le langage impie qui résonnent constamment dans ces antres frappés de la malédiction divine. Les blasphèmes qui s'étalent dans ses livres sont si horribles, la rage dont il fait preuve en les écrivant est si infernale, la haine contre Dieu qu'il cherche à inspirer au lecteur est si diabolique qu'on ne saurait à moins que d'en éprouver un profond dégoût. Mais nos lecteurs doivent savoir quelle race d'hommes est sortie du sein de la société actuelle civilisée sous le souffle de la révolution, quelle race d'hommes prétend réformer le monde. Qu'il nous soit donc permis de choisir une seule citation parmi les nombreux passages

(1) *Système des contradictions économiques*, t. II, p. 323.
(2) *Qu'est ce que la propriété?* Premier mémoire, ch. V, p. 250.

que nous pourrions alléguer. « Dieu, s'écrie ce blasphémateur
» forcené, Dieu, c'est sottise et lâcheté; Dieu, c'est hypocrisie
» et mensonge; Dieu, c'est tyrannie et misère; Dieu, c'est le
» mal. Tant que l'humanité s'inclinera devant un autel,
» l'humanité esclave des rois et des prêtres sera réprouvée;
» tant qu'un homme, au nom de Dieu, recevra le serment
» d'un autre homme, la société sera fondée sur le parjure;
» la paix et l'amour seront bannis d'entre les hommes.
» Dieu, retire-toi! car dès aujourd'hui guéri de la crainte et
» devenu sage, je jure, la main étendue vers le ciel, que tu
» n'es qu'un bourreau de ma raison, le spectre de ma
» conscience. Ton nom si longtemps le dernier mot du savant,
» la sanction du juge, la force du prince, l'espoir du pauvre,
» le refuge du coupable repentant, eh bien! ce nom incom-
» muniquable, désormais voué au mépris et à l'anathème,
» sera sifflé parmi les hommes... S'il est un être qui, avant
» nous, ait mérité l'enfer, il faut bien que je le nomme,
» c'est Dieu (1)... » Les paroles orgueilleuses que Milton
met dans la bouche de Lucifer foudroyé et précipité dans
l'abîme ne sont rien à côté du langage de cet énergumène. Il ne nous semble pas qu'une telle fureur de
blasphémer puisse s'emparer d'un esprit humain. Proudhon
paraît être livré à la merci d'un démon pour être tourmenté
et repu d'une rage infernale.

3° *Haine contre l'autorité.* Il expose sa pensée sur le
compte de l'autorité, sous la forme du dialogue, en ces
termes : « Quelle forme de gouvernement allons-nous
» préférer? Eh! pouvez-vous le demander? répond sans
» doute quelqu'un de mes plus jeunes lecteurs; vous êtes répu-
» blicain. — Républicain, oui; mais ce mot ne précise rien.
» *Res publica*, c'est la chose publique; sous quelque forme
» de gouvernement que ce soit on peut se dire républicain.

(1) *Système des contradictions économiques*, t. II, p. 412 et 410.

» Les rois aussi sont républicains. — Eh bien! vous êtes » démocrate? — Non. — Quoi! vous seriez monarchique? » — Non. — Constitutionnel? — Dieu m'en garde. — Vous » êtes donc aristocrate? — Point du tout. — Vous voulez » un gouvernement mixte? — Encore moins. — Qu'êtes-» vous donc? — Je suis anarchiste. — Je vous entends : » vous faites de la satire; ceci est à l'adresse du gouverne-» ment. — En aucune façon; vous venez d'entendre ma » profession de foi sérieuse et mûrement réfléchie; quoique » très ami de l'ordre, je suis dans toute la force du terme » anarchiste (1). » Donc, *anarchie, exclusion du patron, du souverain*, telle est la forme de gouvernement dont nous rapprochons tous les jours. Et, pour activer son arrivée, Proudhon, de son côté, émet et soutient la conclusion que la souveraineté ou *le gouvernement de l'homme par l'homme*, sous quelque forme qu'elle se présente, monarchique, oligarchique, démocratique, est *illégale et absurde*.

Il n'est pas difficile de voir quelle est la conséquence de ces trois haines que Proudhon s'étudie à faire naître et éclater parmi les hommes. C'est la résolution d'exterminer du monde les trois objets de cette haine. Mais comment y arriver? Il faut avoir à la main quelque chose de pratique pour se mettre à l'œuvre. Proudhon, avec la rage qui le dévore, l'indique en termes clairs et précis. Il faut, dit-il, commencer par détruire trois instruments de tyrannie : *le capital, le gouvernement et le catholicisme*. « Le *capital*, » dont l'analogue dans l'ordre de la politique est le *gouver-» nement*, a pour synonyme dans l'ordre de la religion le » *catholicisme* (2).

(1) *Qu'est-ce que la propriété?* Premier mémoire, ch. V, 2e partie, p. 237.

(2) Nous prions les catholiques imprévoyants et peu éclairés par l'étude, qui font la guerre au capital à l'instar des socialistes, de méditer les paroles de Proudhon.

« L'idée économique du capital, l'idée politique du gou-
» vernement ou de l'autorité, l'idée théologique de l'Église
» sont trois idées identiques et réciproquement convertibles :
» attaquer l'une, c'est attaquer l'autre. Ce que le capital
» fait sur le travail, et l'État sur la liberté, l'Église l'opère,
» à son tour, sur l'intelligence... La démocratie est
» l'abolition de tous les pouvoirs, spirituel, temporel,
» législatif, exécutif, judiciaire et propriétaire... La vérita-
« ble forme du gouvernement, c'est l'anarchie... Plus de
» partis, plus d'autorité; liberté absolue de l'homme et du
» citoyen (1). »

Une fois l'édifice social de l'ordre actuel renversé de fond en comble, il fallait que Proudhon nous donnât le plan, ou tout au moins les grandes lignes de celui qu'il entendait y substituer. Il ne faillit pas à ce devoir, et nous donna quatre règles différentes en neuf propositions qui sont comme le résumé de toute sa théorie. *Première règle :* Que la propriété soit remplacée par la *possession*. Et comme le droit d'occupation est égal pour tous, que les possessions égales varient d'après le nombre des individus. *Seconde règle :* Les produits doivent s'acquérir par l'échange avec d'autres produits; or, la condition de tout échange étant l'équivalent des produits, il s'ensuit que tout gain est impossible et injuste. *Troisième règle :* Les hommes se trouvent tous asssciés, de par une loi physique, antérieurement à tout consentement de leur part; donc l'égalité des conditions est de stricte justice, de droit social. *Quatrième règle :* L'association libre, la liberté qui se limite à maintenir l'égalité dans les moyens de production, et l'équivalent dans les échanges est la seule forme de société possible, la seule juste, la seule vraie. *La propriété* est *le suicide de la société; le gouvernement de l'homme par l'homme est*

(1) *Confessions d'un révolutionnaire*, p. 20, 24, 131, 253.

oppression; la plus haute perfection de la société se trouve *dans l'union de l'ordre et de l'anarchie* (1).

Il importe donc de purifier le monde de la gangrène sociale de la propriété, de la soustraire au joug de l'autorité humaine; d'enlever à son esprit toute idée de Dieu, en anéantissant le catholicisme, et ceci fait, de le replacer sur les quatre bases réglementaires que nous venons de décrire. Alors, mais alors seulement, le bonheur coulera à flots, au sein de la société humaine. Proudhon paraît en être convaincu. Nous avons montré déjà, dans nos publications précédentes, combien son système est antinaturel, sophistique et d'une absurdité palpable.

Tandis que Proudhon jetait ces doctrines dans les masses, et adressait d'ardentes prières au *Dieu de la liberté* et au *Dieu de l'égalité*, pour que la société se décidât à les mettre en pratique, un autre homme en Allemagne avait non seulement répandu ses théories communistes, parmi le peuple, mais avait trouvé, en outre, un instrument admirablement propre à les réaliser. Cet homme était *Karl Marx*, un juif, puissant initiateur, organisateur et propagateur de la *Société internationale des travailleurs*. Dès 1847, se trouvant à la tête du parti socialiste-communiste, il prit part à un congrès de communistes allemands qui se tint à Londres, et de concert avec Engel, il écrivit et publia un programme qui contient les deux principes fondamentaux du socialisme international moderne. « Les com-
» munistes, y était-il dit, ne forment aucun parti spécial,
» en opposition avec les autres partis ouvriers. Ils n'ont pas
» d'intérêts qui soient différents de ceux de tout le prolétariat;
» ils ne professent pas de principes particuliers, d'après
» lesquels ils entendent diriger le mouvement des prolétaires.
» Ils diffèrent sous deux rapports des autres partis ouvriers.

(1) PROUDHON. *Qu'est-ce que la propriété?* Premier mémoire, ch. V, 2e partie, p. 237-251.

» D'abord sous celui de la défense qu'ils prennent des » intérêts généraux de toutes les classes, dans les différents » dissentiments nationaux qui ne se rapportent pas aux » intérêts ouvriers; secondement en ce qu'ils représentent » les intérêts du mouvement général à tous les degrés de » ce développement que doit prendre la lutte entre les » ouvriers et les capitalistes. Le but immédiat des commu- » nistes est celui-là même qu'ont les autres partis des » prolétaires, c'est-à-dire le renversement de la suprématie » des capitalistes, par l'acquisition du pouvoir politique (1). »

Il a dit longuement dans un gros volume édité par lui et dont on a fait deux éditions à Hambourg, l'une en 1867 et l'autre en 1873, le motif pour lequel il faut supprimer le capital et les moyens à prendre pour réaliser cette suppression (2).

D'après lui, le gain net que le capitaliste retire d'un travail donné et qu'il s'approprie est une usurpation du bien d'autrui, et par suite une injustice. Il devrait être divisé entre les ouvriers qui ont accompli le travail. Il s'ensuit qu'à l'heure qu'il est, il s'agit de dépouiller, par les mains du peuple, un petit nombre d'usurpateurs qui jusqu'ici ont, contre toute équité, dépouillé le peuple. L'heure de la grande réparation est déjà sonnée, et *la possession privée* des capitaux sera remplacée par *la possession collective*. Voilà, en peu de mots, tout le système économique de Karl Marx. Il est de forme communiste. Que deviendra, dans ce système, la religion, la famille, l'État? M. Marx ne le dit pas, mais il laisse entrevoir par-ci par-là ses idées à ce sujet. Quant à la religion, aucune

(1) Nous appelons l'attention de nos lecteurs sur ce passage éminemment significatif de K. Marx. Il leur révélera peut-être le pourquoi des agissements du parti des soi-disant démocrates, qu'ils s'appellent chrétiens ou non. A. O.

(2) *Le Capital*. Critique de l'économie politique. Nous citons les socialistes allemands, d'après le texte allemand.

ne devra être positive. La famille? Elle est destinée à prendre une forme plus élevée, tant au point de vue de sa formation, qu'à celui des rapports entre les deux sexes. L'État? Son organisation sera tout à fait différente de ce qu'elle est à présent. L'instruction sera universelle et égale pour tous, et, de la sorte, l'individu, qui n'est actuellement autre chose que la représentation d'une opération sociale particulière, sera remplacé par l'individu totalement développé. En somme, la possession privée des capitaux sera changée en possession collective, et l'on verra un état de choses nouveau et merveilleux dans une société nouvelle.

A côté de Karl Marx surgit également en Allemagne *Ferdinand Lassalle,* un autre juif, qui prétendait arriver au même but par une autre voie. Il écrivit beaucoup, et remua si profondément les masses que, s'il n'avait pas été tué en duel, le 31 août 1864, la réforme sociale dans un sens communiste imaginée et poussée en avant par lui aurait été redoutablement puissante par le nombre de ses adhérents et l'énergie de ses efforts. Le point sur lequel il se sépare radicalement de Karl Marx, c'est que ce dernier veut que le peuple accomplisse la réforme par lui-même, en s'emparant du pouvoir, tandis que Lassalle exige que ce soit l'État qui l'accomplisse en y aidant et en y poussant le peuple.

Le principe fondamental de Lassalle, c'est que la propriété, en vertu du droit naturel, est basée sur le travail de l'individu qui le produit. Par conséquent, nul n'a le droit d'appeler sienne une chose qu'il n'a pas produite par son travail. Aussi, donnant des éloges au communisme : « Celui-ci, dit-il, n'entend pas annuler la propriété privée, mais uniquement substituer à cette dernière la propriété basée sur le travail (1).

1. Jusqu'ici on a admis et l'on admet que quiconque possède des biens peut, de plein droit, en retirer un certain profit,

(1) M. Bastiat. — *Schulze von Delitzsch.* Le Julien économique, p. 260 (en allemand).

en y employant le travail d'autrui, sans que lui-même y travaille. Mais, en vertu du principe indiqué, ceci est contraire à l'idée du droit naturel consacrant la propriété privée : attendu que le seul travail personnel de l'individu fait produire et crée la propriété (1).

2. Toute propriété a une valeur. Et comme elle a pour fondement le travail, il faut dire que le travail est le principe et la mesure de la valeur qu'ont les choses. De ce principe, Lassalle déduit cette autre conséquence, que le prix devant correspondre à la valeur du produit, la mesure qui doit servir à le fixer est le *seul travail* que l'homme y a mis, en d'autres termes : la quantité du travail, sans le moindre égard aux forces de la nature (2). Il est évident que cette théorie présupposant que la possession acquise en vertu des forces de la nature ne compte pour rien, il s'ensuit, par exemple, que mon voisin a le droit de semer et de moissonner, à son gré, dans mon champ, sans me payer aucune redevance. La terre, au point de vue de la production, est une des forces les plus admirables que possède la nature.

3. En face de ce même principe fondamental disparaît également le droit d'hérédité. La propriété, en effet, tirant son origine, d'après lui, du seul travail individuel de celui qui la possède, celui-ci venant à mourir, elle ne pourra appartenir à personne d'autre, et par conséquent, elle devra nécessairement rentrer dans la masse totale. Et de fait, Lassalle déclare que le droit de propriété tel qu'il existe actuellement, tout aussi bien que le droit d'hérédité, appartiennent à la catégorie des droits historiques qui peuvent changer avec le cours des années et disparaître de la face de la terre (3). C'est ce qui arrivera certainement, d'après

(1) M. Bastiat. — *Schulze von Delitzsch*. Le Julien économique, p. 260 (en allemand).

(2) Ibid., p. 206.

(3) Catégories des idées historiques, Ibid., p. 201.

Nous ne saurions nous empêcher de noter ici la ressemblance de

l'opinion du progrès social de Fichte embrassée par lui, lors de l'avènement au pouvoir du quatrième État.

La propriété, l'hérédité, le droit de famille sont, d'après lui, des choses passagères et changeantes.

4. Finalement, en vertu du même principe, les propriétaires fonciers, les capitalistes de l'industrie sont autant de fripons et de voleurs qui dépouillent ceux qui travaillent sur leurs terres et dans leurs usines au prix d'un salaire convenu. Les capitaux qu'ils accumulent pour le salaire, provenant du travail d'autrui, sont un vol manifeste; la loi des salaires est une loi de l'iniquité la plus exécrable. Elle pèse sur les épaules des ouvriers et des prolétaires, c'est-à-dire sur la quatre-vingt-treizième partie sur cent de tout le corps social. Il faut la briser, et en jeter les débris hors du monde, mais quand sera-t-elle brisée? Quand la loi d'airain du salaire cessera-t-elle? Il n'est pas malaisé de le dire. Elle aura disparu, quand toutes les forces de la nature, en d'autres termes, quand toutes les propriétés foncières et tous les capitaux seront tombés aux mains de l'État, et que chacun aura ce qu'il peut gagner journellement par le travail de ses mains. Mais c'est là le communisme basé sur le principe de Saint-Simon : *A chacun selon sa capacité; à chaque capacité selon ses œuvres.*

Au mois d'octobre 1862, se tenait à Berlin une réunion préparatoire au Congrès des sociétés ouvrières allemandes déjà constituées. Lassalle y développa ses principes. Après avoir, dans un langage bref et saisissant, écarté les obstacles qui s'opposaient à la mise en pratique de ses opinions, il se posa la question de savoir : si le principe d'association des

plusieurs idées de la démocratie nouvelle avec celles de Lassalle. Les grands génies se rencontrent! On voit que l'on peut se vanter de revendiquer le droit de propriété et être en même temps partisan des billevesées du socialisme.

ouvriers pouvait amener une amélioration dans leur situation? Après avoir répondu que oui, il ajouta aussitôt : « Mais à condition que ce principe soit appliqué et étendu à la production en grand dans les fabriques correspondantes. L'élévation de la classe ouvrière à y être entrepreneur-propriétaire est *le seul* moyen par lequel cette loi barbare d'airain qui fixe le salaire du travail peut être détruite. Car la classe ouvrière, une fois devenue entrepreneur-propriétaire, toute différence entre le prix du travail et le gain de l'entrepreneur aura cessé d'exister, et au salaire seul viendra se substituer comme récompense du travail le produit du travail lui-même. » (Textuel.)

Mais les ouvriers, de quelle manière pourraient-ils devenir propriétaires des grandes usines? Lassalle répond, par le secours de l'État. « L'unique voie, dit-il, par laquelle il pourra se faire que soit détruite la cruelle loi qui fixe le salaire du travail, cette loi à laquelle la classe ouvrière est rivée comme une martyre, cette voie c'est le progrès et le développement de la libre association des individus, avec le secours de l'État (1). Mais voici une autre question : de quelle manière l'État peut-il être engagé à donner un pareil appui? La réponse est claire comme la lumière du soleil : par les élections résultant du suffrage universel direct. *(Nous continuons à citer.)* Que toute l'association des ouvriers allemands soit organisée, et que cette association agite le pays dans ce but. Les ouvriers forment

(1) Tel est aussi le but des soi-disant syndicats créés par la démocratie nouvelle. Celle-ci se réclame hypocritement de l'Encyclique, tandis que, dans la pensée de Léon XIII, le but des syndicats est tout différent. La démocratie fait des syndicats des machines de guerre, et le Pape des instruments de paix. La ressemblance des idées de la démocratie nouvelle, qu'elle se dise chrétienne ou non, avec les idées du juif socialiste Lassalle est frappante. Nous allons voir le parti ouvrier de Lassalle viser à un rôle politique. Qui ne sait que la démocratie dont nous parlons a la même ambition? A. O.

les quatre-vingt ou les quatre-vingt-seize parties pour le moins de l'ensemble des citoyens, si tous, d'une voix unanime, demandent, à grands cris, la même chose, qui pourrait résister à leur désir? Quand ils l'auront obtenue, et qu'ils en auront usé convenablement, il n'y aura pas de puissance qui pourra résister à la proposition de lois qui obligeront l'État à donner le concours réclamé. A la fin des comptes, ajoutait Lassalle, « qu'est-ce que l'État? Je le demandais tantôt, et tous à présent vous comprenez la réponse, d'après le petit nombre des chiffres de statistique que j'ai apportés ici, vous le comprenez d'une façon plus palpable que par de gros volumes; votre grande association, ô pauvres ouvriers, voilà l'État. L'association doit donc être votre mot d'ordre; ou vous vaincrez avec elle, ou vous ne vaincrez jamais. Il n'y en a pas d'autre pour vous. »

Tel est le raisonnement de Lassalle, tel est aussi celui de Proudhon et de K. Marx. Tous les trois armés de principes erronés empruntés à l'économie publique sont entrés en campagne contre le droit de propriété actuellement existant. Ils sont morts tous les trois, mais ils ont laissé des disciples qui continuent la lutte inaugurée par eux (mêmes des disciples sur lesquels ils n'avaient pas compté). D'accord sur la nature de la guerre à poursuivre, ils ont adopté des voies différentes pour arriver au but. Proudhon à sa fameuse *Banque du peuple*, Marx à son association internationale des travailleurs d'où le gouvernement est exclu, Lassalle à son association avec le concours de l'État.

Aucun d'entre eux ne nous a laissé une forme complète d'organisation sociale, basée sur les principes professés par eux. Mais de ces principes mêmes et du peu qu'ils nous ont laissé sur cette matière, force nous est de conclure qu'en suivant leurs traces, on tombe dans la forme de la société communiste à la fois et athée.

A côté de l'école des trois grands réformateurs économistes

que nous venons d'analyser, Stuart Mill en ouvrit une autre. Son but était de mettre le capital d'accord avec les prétentions du prolétariat, mais, sans le moindre succès, au dire de K. Marx. Celui-ci tourne le nouveau maître en ridicule en le traitant de *sophiste* et de *sycophante* (flatteur) du parti dominant. Il n'a d'autre mérite d'après lui que celui d'un *syncrétisme sans vie* et il se moque de ses efforts économiques comme *tendant à concilier des choses inconciliables entre elles* (1).

Quoi qu'il en soit de son genre de conciliation, la vérité est que, par sa théorie sur la propriété, il ouvre toutes grandes les portes de la société au communiste, permettant à celui-ci d'y entrer chaque fois que le caprice lui en viendra, et cela sous la forme qui lui plaira le mieux.

Comme preuve de cette assertion, voici ses principes fondamentaux. La distribution des richesses est une institution exclusivement humaine. L'espèce humaine, prise individuellement ou collectivement, peut user des choses créées à sa guise. Elle peut les donner à qui elle veut, et aux conditions qui lui conviennent. Mais dans l'état social qui est tout autre que celui de la solitude absolue, les choses se passent un peu différemment. Cette faculté de disposer des choses ne peut exister qu'en vertu du consentement de la société, ou plutôt des individus qui régissent les forces vives de celle-ci. Ce n'est pas tout. Aucun particulier ne peut garder cela même qu'il a produit, sans le secours d'autrui, si ce n'est avec l'assentiment de la société. Plus encore. Non seulement la société pourrait le lui prendre, mais les individus le pourraient aussi, et ils le feraient à bon droit dans tous les cas où la société demeurerait passive en face de ces spoliations, dans les cas où elle n'emploierait pas et ne payerait pas d'autres individus pour empêcher

(1) *Le capital*. Critique de l'économie. Post face p. 816, 817.

les spoliateurs de créer des ennuis au propriétaire dans la jouissance de ce qu'il possède. Après avoir mis en avant ces étranges principes, voici à présent la conséquence : « La distribution des richesses dépend *donc* des lois et des » coutumes de la société. Les règles qui déterminent cette » distribution sont ce que les font les opinions et les sen- » timents de la partie dirigeante de la société, et varient » considérablement, suivant les différents siècles et les » différents pays; elles pourraient varier encore davantage » si les hommes en décidaient ainsi (1). »

En somme, l'État ou la partie dirigeante a sous sa main l'avoir de tous les citoyens. Il ou elle peut en disposer et l'organiser économiquement, d'après telle ou telle forme communiste ou autrement, comme il lui plait.

Et Stuart Mill ne se contente pas d'avoir ouvert au communisme la porte de la société à deux battants. Il se poste lui-même sur le seuil et l'invite à entrer, et cela de deux façons, l'une plus attrayante que l'autre. D'abord, il arrange à sa manière les arguments que l'on oppose d'ordinaire au communisme, au point de vue économique, et les renverse aisément, en faisant voir leur inanité. Il arrive ainsi à prouver la conclusion : qu'on ne saurait mettre en doute que quelques milliers d'hommes, après avoir occupé une certaine étendue de terrain approprié, ne puissent, par la culture et le travail en commun, se procurer la somme de produits nécessaires pour vivre dans l'aisance; on ne peut pas nier non plus qu'ils soient compétents pour exiger de chacun des membres de l'association la quantité de travail indispensable à cette fin (Ibid., § 3). Nul, en vérité, n'a jamais nié et ne niera jamais qu'un petit groupe de quelques milliers d'individus puisse pendant un temps plus ou moins long vivre en communauté. L'histoire

(1) Stuart Mill. *Principes d'économie politique.* L. II, ch. 1, § 1.

ancienne et l'histoire moderne rapportent des faits pareils. Mais cet argument n'est qu'un parallogisme. Le problème du communisme doit être posé dans les termes où il est combattu par ses adversaires (1). Il ne s'agit pas de savoir si un petit groupe de quelques milliers d'hommes peuvent oui ou non vivre en communauté, mais si une grande société tout entière peut être avec succès amenée à vivre en commun, ce qui est fort différent. Malgré cela si la conclusion de l'économiste écossais ne vaut rien contre les adversaires du communisme, elle ne manque pourtant pas son but. Elle encourage, en effet, l'association internationale des travailleurs en faisant luire à ses yeux l'espoir du succès pour ses efforts. Que veut en effet cette association? Organiser la société par petits groupes qui plus tard seront reliés entre eux par le moyen du système fédératif. A ce premier encouragement donné au communisme, il en ajoute un second bien autrement grave. Après avoir déclaré que la propriété du sol ne repose pas sur un titre sacré, il affirme que la terre est le patrimoine primitif de l'espèce humaine tout entière. L'appropriation de la terre se réduit, d'après lui, à une question d'intérêt général. Le gouvernement, par conséquent, s'il ne croyait plus que cet intérêt général existe encore, aurait pleine et entière faculté de priver les propriétaires actuels du sol de leurs propriétés. Il n'aurait, dans ce cas, d'autre obligation que celle de payer l'import de l'utilité provenant de leur culture. Il conclut ensuite en essayant de prouver longuement que, de nos jours, la division des terres ne permet plus d'y trouver cette utilité qui engage à maintenir la propriété territoriale. Bref, il semble dire aux communistes : venez,

(1) Cette façon de raisonner de M. Stuart Mill est appelée dans les cours élémentaires de logique : Ignorantia Elenchi. Ignorance de l'état de la question. Le sophisme règne en maître dans les rangs des réformateurs, même de ceux qui se disent chrétiens. A. O.

achevez votre œuvre, elle vous réussira; le droit est de votre côté.

De même que dans les couleurs, il y a gradation de teintes, de même aussi, dans les théories d'économie publique, il y a des degrés et des différences au point de vue du communisme. L'école de John Stuart-Mill n'est pas, sans contredit, celle de Karl Marx et de Ferdinand Lassalle, bien qu'elle rende au communisme de signalés services, comme nous venons de le voir. Il en est de même d'une autre école qui a surgi en Allemagne sous le nom de *socialisme de la chaire*, et qui a ses représentants en France, en Italie et en Belgique. Cette école n'est assurément pas celle de Stuart-Mill, mais elle n'en rend pas moins service, elle aussi, au communisme à raison de son principe fondamental.

Elle a eu pour fondateurs quatre professeurs d'économie politique en Allemagne : *Roscher* à Leipzig, *Hildebrand* à Jena, *Knies* à Heidelberg et *Schmoller* à Strasbourg. Tous les quatre s'accordent à soutenir qu'il n'existe pas de lois économiques; que l'économie politique est essentiellement changeante, et que les théories portent l'empreinte de l'organisation sociale du temps. Autres temps, autres mœurs, autres pays, autres intérêts : rien n'est absolu, tout est relatif. *Roscher*, en effet, dans son *Histoire de l'Économie politique en Allemagne*, insiste principalement sur ce point que l'économie politique n'a pas de règles fixes, et s'élève énergiquement contre l'école d'Adam Smith et de J.-B. Say qui soutiennent le contraire. *Hildebrand* critique sévèrement la prétention de ces économistes qui formulent les rapports économiques entre les individus et entre les nations; puis il fulmine un terrible réquisitoire contre les chefs de cette école, et en vient jusqu'à les taxer d'être les prédicateurs de l'égoisme, de l'individualisme et du matérialisme.

Knies s'exprime en termes plus clairs encore dans son livre qui a paru en 1853, sous le titre : *l'Économie politique au point de vue de la méthode historique.* D'après lui, *la méthode historique,* qui est précisément celle que suit *le socialisme de la chaire,* consiste à enseigner que chaque peuple et surtout chaque époque a son économie politique spéciale, et qu'au lieu de déduire la science des principes généraux et des lois naturelles, il faut la déduire des faits contemporains. Il n'y a, soutient-il, qu'une succession de faits économiques; ceux-ci changent avec les hommes et les sociétés; l'homme les accomplit, il ne les subit jamais.

Les socialistes ne tardèrent pas longtemps à faire leur profit de ces doctrines. A leurs yeux, en effet, la société actuelle est le résultat d'une longue série de violences, de spoliations et d'injustices. De là leurs désirs de la réformer de fond en comble. L'argument le plus fort qu'on leur oppose d'ordinaire, c'est que la société, à l'égal de l'homme, est soumise à certaines lois qui lui sont propres. En vain, leur dit-on, vous vous fatiguez à réorganiser la société selon vos idées. Elle résistera à tous vos efforts, et s'il vous arrive de vaincre, votre victoire sera de courte durée : les choses reprendront leur cours ordinaire. Vous pouvez démolir, oui, mais édifier, jamais. Les socialistes ont leur réponse toute prête. « Vous niez l'histoire. De même qu'après une société qui avait l'esclavage est venue la société où florissait le servage, et comme après celle-ci en est venue une autre où règne le capital, de même aussi nous verrons se réaliser la société où dominera le travail universel. Il n'y a pas de loi économique qui soit l'œuvre de la nature. C'est l'État qui fait les lois; il ne dépend que de lui de changer l'organisation sociale actuelle. L'État est tout-puissant. » Voilà le principe fondamental sur lequel se fonde la réforme voulue par K. Marx aussi bien que par Lassalle.

Tous deux font de l'Etat l'arbitre de tous, et veulent que ce soit par ses mains que s'accomplisse la transformation sociale. Le premier la veut par l'intermédiaire du peuple, quand celui-ci aura conquis le pouvoir, c'est-à-dire quand il sera devenu « la partie dirigeante » de l'État. Le second la veut par l'intermédiaire d'une représentation nationale qui, à la majorité des voix, forcera le gouvernement à réaliser les réformes réclamées par le peuple. C'est donc la théorie du *socialisme de la chaire* qui a enseigné aux socialistes pratiques le moyen par lequel ils peuvent arriver à leur but.

Un certain nombre de savants allemands, professeurs d'économie politique pour la plupart, se laissèrent prendre aux raisonnements de Marx et de Lassalle. Ils s'approprièrent la terminologie employée par eux, et s'ils ne se firent pas leurs disciples, ils se mirent sur la pente, sous la forme d'école historique correspondante au titre de *socialisme de la chaire*, ils fondèrent *la société de la politique sociale*. Celle-ci tint sa première réunion à Eisenach, le 6 octobre 1872, et dès lors il fut aisé de voir d'après les explications de Schmoller quelles étaient ses tendances. L'orateur, en effet, signala les graves défauts de la société actuelle, blâma énergiquement l'inégalité de jour en jour plus croissante des fortunes, s'éleva avec aigreur contre la malhonnêteté des trafics, et déplora l'abrutissement de la plèbe. Qui ne voit surgir de ces lamentations la nécessité d'invoquer la toute-puissance de l'État? L'école du *socialisme de la chaire* offre au communisme le pont sur lequel il peut passer en toute sécurité (1).

(1) Voir *Journal des Économistes*, août 1876. — *Les deux Écoles économiques.*

CHAPITRE XI

XIXe SIÈCLE. — FORMES PRATIQUES DE COMMUNISME DÉJA MISES OU A METTRE A L'ESSAI

Dans les premières années du siècle actuel, le *système coopératif de Owen* a fait beaucoup parler de lui. Il est communiste et sa constitution peut se résumer en ces termes : L'homme est tel que le forme la société dans laquelle il vit. Il donne dans ces actes, ce qu'il reçoit tout comme l'écho et le pantin de la scène, et par là même il est *irresponsable* de ses actes. Les gouvernements, les lois, les institutions de la société actuelle reposant sur le principe de la responsabilité humaine sont iniques. Les religions, toutes celles qui sont au monde, par là même qu'elles prêchent le même principe, sont irrationnelles, menteuses, elles sont le fléau de l'humanité. Les formes des gouvernements et toutes les religions doivent donc disparaître du monde.

La base de la nouvelle société doit être « la charité universelle qui considère tous les hommes avec une égale bienveillance ». C'est là la seule religion rationnelle.

Quand les hommes auront ouvert les yeux et reconnu la nécessité de renoncer à leurs richesses, pour embrasser l'égalité parfaite et la communauté absolue, ils se partageront en *sociétés coopératives* de deux ou trois mille têtes. Chacune des sociétés aura un terrain proportionné à ce nombre; elle logera dans un bâtiment commun; elle sera agricole et manufacturière en même temps, pour être en mesure de pourvoir à ses besoins. Au-dessous de quinze ans, nul ne travaillera; les associés de quinze à vingt-cinq ans formeront le corps des *producteurs*, de vingt à trente celui des *distributeurs* et des *conservateurs* des produits.

De trente à quarante, ils s'occuperont de l'administration intérieure; de quarante à soixante, ils donneront des conseils sur les questions qui peuvent surgir entre société et société. Au-dessus de cette hiérarchie de fonctions, d'après l'âge, il y aura un *Conseil de gouvernement*. Il sera chargé d'une double fonction : la première de procurer l'aisance et l'amélioration des individus par le moyen de la bienveillance universelle; la seconde d'indiquer la manière d'établir sur des bases rationnelles la nature de l'homme et la condition de son bonheur sur la terre, *pour laquelle seule il est né*. A cette fin, il bannira toute idée religieuse, proclamera l'*irresponsabilité* absolue et proscrira tous les genres de peines et de récompenses. L'éducation *rationnelle* sera donnée d'après ces règles, avec défense absolue de parler des questions religieuses. Grâce à ces mesures, la nouvelle génération ne manquera pas de se rendre digne de la *société coopérative*.

Les disciples de Owen, dans le dessein de rendre populaire la doctrine du maître et de propager ainsi les sociétés coopératives, firent une profession publique de leurs idées dans les neuf articles de leur statut. L'impiété et l'impudence qui règnent dans le système s'y étalent dans toute leur horreur. Tout associé peut, à son gré, abandonner une femme et en prendre une autre : la religion qu'ils admettent, c'est la chimie, la zoologie et autres choses semblables. Les mascarades et le bal remplaceront le culte. Ces absurdités bestiales et d'autres du même acabit reçoivent comme conclusion : que par cette voie, et par la suppression de toute propriété individuelle, on aboutira à une société où l'on nagera en pleine félicité. Le maître avait proclamé dans son livre intitulé : *Déclaration de l'indépendance intellectuelle*, que la propriété, la religion et le mariage étaient les trois fléaux dévastateurs de l'humanité, et ses disciples les ont éliminés de leur statut avec le cynisme le plus outrecuidant.

Quoi qu'il en soit du statut publié par ses disciples, Owen promettait les plus grandes merveilles de l'application de son système. Il les fit connaître au public dans un écrit d'une vanité énorme. « Je propose, y disait-il, un système de vie humaine opposé en tout point au système passé et présent, un système qui créera un nouvel *esprit* et une nouvelle *volonté* dans tout le genre humain, et conduira ainsi chacun par une nécessité irrésistible à devenir conséquent, rationnel, sain de jugement et de conduite; un système qui lui ouvrira les yeux et lui montrera l'impérieuse nécessité où l'on se trouve de changer toutes les institutions présentes, comme étant insensées et absurdes, et de les remplacer par d'autres basées sur les faits connus et en harmonie avec notre nature; un système si énergique qu'il peut seul mettre promptement un terme à l'ignorance humaine; arrêter les progrès du paupérisme, et en arrêter le retour; couper court aux diverses superstitions qui règnent sur le globe, et éloigner toutes les causes qui ont jusqu'ici divisé les humains, et introduire une abondance inépuisable de tout ce qui est nécessaire à la vie et aux plaisirs de l'homme, et lui rendre sa tâche de producteur plus agréable et plus facile; un système si puissant que, dans l'année même de son adoption, il réalisera sur cette terre plus de bien-être, plus d'aisance, plus de moralité, que n'a pu le faire, depuis des siècles, le vieux système, et qu'il ne le fera tant qu'il sera debout (1). »

Owen fit l'essai de son système dans une grande usine de 2,000 ouvriers à New-Lanark en Écosse, et obtint un plein succès. Les améliorations réalisées dans la moralité, l'observance de l'ordre, le travail, la concorde des esprits et le bien-être matériel ont paru tenir du miracle. Son nom devint fameux. Des éloges, des félicitations, des visites vinrent

(1) Voir REYBAUD. *Etudes sur les Réformateurs*, etc. — *Manifeste* de Robert OWEN, t. I, p. 237, etc. Brux. 18:3.

l'encourager de toutes parts. De là son écrit et ces magnifiques promesses que nous avons rapportées tantôt. Mais les faits n'y correspondirent guère. Étant allé en Amérique, en 1824, dans l'intention d'y faire une vaste expérience, en homme sûr du succès, il fonda d'après un plan spécial et bien étudié une grosse bourgade pouvant contenir 2,000 habitants, et lui donna le nom de *New-Harmonia*. Mais, en dépit de tout l'art et de toute l'habileté qu'il déploya, pour appliquer à la population accourue par là les règles pratiques de son système, au lieu de l'harmonie ce fut la désunion qui se mit dans sa colonie, la misère remplaça l'abondance et la plus honteuse immoralité régna à la place de la pureté des mœurs. Bref, il fallut dissoudre la nouvelle colonie. A son retour en Angleterre, nouvelle désillusion. New-Lanark était en pleine révolte et en pleine dissolution. Owen fit un nouvel essai dans le Hampshire et subit un nouvel échec. Il fut contraint alors de licencier les gens qu'il avait assemblés, fit une faillite d'un million et se tint caché jusqu'à ce que les affaires se fussent arrangées tant bien que mal.

C'est ainsi que l'homme qui avait reçu les approbations solennelles de deux princes de la famille royale d'Angleterre, de grands honneurs de la part des souverains de Hollande, de Prusse, de Russie, des lettres de recommandation de Wellington et qui s'était acquis une grande renommée populaire, finit dans la misère chargé d'une dette d'un million. C'était loin, il faut l'avouer, de l'abondance qu'il avait garantie au monde. La cause de son illusion ce fut de croire que le succès de New-Lanark était l'effet de son système, tandis qu'en réalité il n'était dû qu'à certaines circonstances propices.

Un système qui mérite mieux de fixer l'attention, c'est le système pratique imaginé par *Louis Blanc* qui fut, on le sait, membre du gouvernement provisoire français en 1848.

L'effet qu'il produisit en France fut immense. Les plumes les plus habiles en matière d'économie politique crurent devoir les réfuter, et les ouvriers s'éprirent tellement de lui que la lutte sanglante qu'ils soutinrent pendant trois jours en juin 1848, doit être, en grande partie, attribuée aux écrits et aux discours de Louis Blanc. Son livre, *De l'organisation du travail,* nous donne, à peu de chose près, toute l'idée de son système. Le point par où il débute est celui de tous les socialistes et communistes, à savoir la condamnation absolue de la société sous la forme qu'elle a eue jusqu'ici. Chez elle, d'après lui, il n'y a rien de bon : tout est criminel et digne d'être profondément abhorré; les choses changeraient de face si l'on adoptait la forme qu'il présente. La misère disparaîtrait pour toujours; le peuple deviendrait moral, les ruines subites qui atteignent l'industrie et le commerce seraient bannies à perpétuité, le travail serait assuré à tous les bras et le pain à toutes les bouches; l'aisance régnerait dans tous les rangs de la société. Tel est le tableau attrayant qu'il trace de la société refaite d'après ses plans. Donc, plus de misère, l'abondance partout. Le problème qui préoccupe le plus les socialistes étant le problème économique, Louis Blanc, on le voit, l'a abordé de front, et il lui a donné une solution achevée.

Pour arriver à ce résultat, il a étudié la source de tous les maux de la société, et l'ayant trouvée dans la *concurrence,* il a dit : il faut à tout prix la détruire. Le moyen n'est pas difficile. Qu'on établisse d'abord de grands ateliers nationaux, de grandes usines ou fabriques nationales, que chaque industrie particulière ait la sienne propre : celles de moindre importance qui s'élèveront par après devront être reliées à celles d'entre les grandes qui exercent l'industrie correspondante. Toutes les usines devront être reliées entre elles de façon que chaque industrie soit représentée par un corps d'officines solidaires. Le même lien de solidarité existera entre les corps des différentes industries. La mésaventure d'une officine sera réparée par la corporation à laquelle elle appartient, et la mésaventure d'une corporation le sera par l'ensemble des autres corporations. Le prix de chaque marchandise industrielle sera fixé, et il sera le même partout. Le gain perçu sera partagé en trois parties dont l'une sera donnée par portions égales et par tête aux associés ou compagnons producteurs; la seconde servira à l'entretien des vieillards, des infirmes et à réparer les accidents qui pourraient survenir; la troisième enfin servira à l'achat des instruments de travail pour ceux qui voudraient faire partie de l'association. Ce qui est dit de l'industrie est applicable à l'agriculture.

Mais, pour fonder de grandes usines, il faut d'immenses capitaux. Où les trouver? L. Blanc a recours à l'intervention du gouvernement qui doit être le régulateur suprême de toute l'entreprise, et disposer, à cet effet, *d'une force imposante*. Le premier usage qu'il fera de cette force sera de contracter un formidable emprunt qui servira à fonder les grandes officines sociales en nombre correspondant aux industries les plus importantes de la nation. Celles-ci étant mises sur pied seront fournies d'ouvriers d'une moralité éprouvée. Les règlements seront discutés et votés à la pluralité des voix au parlement; ils auront force de loi (1). Le capital primitif fourni par le gouvernement sera gratuit, et sans le moindre intérêt. La première année de l'ouverture, le gouvernement désignera les chefs directeurs des usines; les années suivantes ce seront les ouvriers qui les désigneront à la pluralité des voix.

Mais il ne suffisait pas à Louis Blanc d'avoir opposé à l'industrie privée les officines nationales, et de combattre

(1) L'usine constitutionnelle d'un professeur d'histoire. Inutile de signaler à nos lecteurs les emprunts faits par nos réformateur récents et fantaisistes aux idées de Louis Blanc. Ils sautent aux yeux. A. O.

chaque jour de plus en plus la concurrence de la première par l'immense production des secondes, et par la modicité naturelle du prix des marchandises livrées par elles; non, il fallait encore empêcher les capitaux d'alimenter et de soutenir l'industrie privée. Il veut, en conséquence, qu'une loi de l'État supprime l'hérédité en ligne collatérale au profit des communes et du gouvernement. Que les communes aient les terres qui en proviendront, et y fondent des institutions agricoles sociales. Que le gouvernement prenne les capitaux et les fabriques industrielles, et s'en serve pour renforcer et développer les officines nationales déjà existantes. Grâce à ces mesures, vu d'une part la division continuelle des patrimoines domestiques, et de l'autre l'impossibilité d'augmenter les capitaux ainsi divisés, soit par l'industrie privée à laquelle les officines nationales feront une guerre tous les jours plus acharnée, soit par l'accroissement de capitaux fournis par des héritages en ligne collatérale déjà supprimés, l'unique ressource qui restera aux particuliers, pour échapper à une ruine extrême sera de livrer ses propres fabriques au gouvernement. Celui-ci alors les rattachera aux officines nationales, et les particuliers seront forcés d'accepter en échange l'intérêt qu'il leur sera possible d'obtenir de la part d'un ennemi à la merci duquel il sera nécessaire de se rendre. Toutes les institutions industrielles et agricoles de la nation se trouvant ainsi aux mains du gouvernement, et la victoire des officines nationales étant complète, les divers groupes ou corporations des différentes industries administreront eux-mêmes leurs fonds, et l'État en aura la surveillance.

Louis Blanc fut, pendant plusieurs années, d'avis que le partage du gain devait être réglé par le principe de *l'égalité* des salaires. De là cette organisation que la portion du gain attribuée aux associés serait partagée entre eux par parties égales. D'après lui, il ne devait y avoir aucune différence entre l'ouvrier diligent et l'ouvrier négligent, entre l'ouvrier laborieux et l'ouvrier mou, entre la perfection du travail et sa grossièreté. Tous devaient retirer le même profit de leur travail. La raison sur laquelle il se basait était que l'inégalité des aptitudes ne devait pas avoir pour conséquence inégalité de droits, mais inégalité de devoirs. En 1848, il changea de principe. L'égalité du salaire ne lui paraissant plus juste, il y substitua, à titre de *principe supérieur de justice,* cette autre règle : *le travail doit être, d'après les aptitudes et les forces; la rétribution d'après les besoins.*

Grâce à cette modification, le travail de Louis Blanc se trouva achevé. Il crut avoir ainsi gagné deux fois à un seul jeu; avoir détruit la propriété et assuré l'abondance, et avoir par là résolu le problème économique du communisme d'une façon splendide. Et, en effet, comment contester que la propriété devait fatalement succomber sous les coups de ses conseils, s'ils avaient été suivis? Il est clair comme le soleil que les communautés industrielles et agricoles, sous l'égide de l'État, seraient devenues petit à petit, propriétaires perpétuels de tous les capitaux et de toutes les terres de la nation. Par quel côté la malencontreuse misère pourrait-elle entrer? Ce ne serait pas par suite d'un échec survenu dans une fabrique particulière, puisque tout le groupe auquel elle appartiendrait en vertu du principe de solidarité (1) viendrait à son secours. Ce ne serait pas non plus par suite de quelque mésaventure qui viendrait atteindre une corporation entière. Car, en vertu de la même loi de solidarité générale, toutes les autres corporations lui tendraient une main efficace. Les fonds au besoin ne manqueraient pas, vu que précisément en prévision de ces cas-là, le tiers des gains est mis en réserve. Serait-ce par suite du manque de production, du défaut d'activité dans le travail? Non certes. La solidarité

(1) Notons en passant que ce principe de L. Blanc est invoqué par la démocratie chrétienne dans la question des grèves. A. O.

fait naître l'émulation soit entre officine et officine, soit entre groupe et groupe. Ensuite la mesure de la rétribution proportionnée aux besoins devant être prise sur le tiers des profits réalisés, il serait impossible de l'en retirer, sans l'activité du travail dans toute l'association. La misère serait donc écartée et l'abondance assurée. Il en serait, en effet, ainsi, si la solution de L. Blanc, quand on l'étudie avec une certaine attention, ne se trouvait profondément viciée. Sa théorie pourra faire illusion aux ouvriers, les pousser à la lutte, les faire combattre dans les rues de Paris, mais au point de vue de la solution du problème économique, elle n'a aucune valeur. Nous l'avons fait voir, dans un écrit précédent.

Après la faillite des deux systèmes dont nous avons rendu compte dans ce chapitre, il en est survenu d'autres, dont *la société internationale des travailleurs* a voulu à tout prix faire l'essai. Les propositions des nouveaux systèmes sont discutées au sein des sociétés ouvrières issues de là. On y déclare en termes clairs et nets « qu'il faut préparer la » Révolution sociale, la République sociale avec toutes ses » conséquences. Que cette révolution, c'est un changement » radical dans les institutions, dans les rapports entre les » hommes, dans l'organisation du travail (1). » Cette déclaration énonce deux faits de grande importance : le premier que l'on veut la destruction radicale de la société actuelle; le second que l'on veut la création d'une société nouvelle ayant d'autres institutions, d'autres droits et une autre organisation du travail.

Et le nouvel ordre des choses qui doit remplacer l'ancien, quand il sera démoli, n'est pas une inconnue, comme on le

(1) Ce langage est celui des socialistes, oui, mais la démocratie, celle même qui se dit chrétienne, lui emprunte trop souvent plusieurs de leurs violences. Voir l'abbé Naudet à Liège, à Brest et ailleurs. Voir les journaux et les discours.

dit trop souvent, pour se rassurer et ne rien faire. La société des ouvriers s'est chargée de nous en dire quelque chose au Congrès qu'elle a tenu à Bruxelles en 1868, et les idées ont marché depuis. D'autres sont venus emboîter le pas derrière l'Internationale. Les délibérations prises en 1868 sur cette matière peuvent se diviser en quatre points. Nous allons transcrire ici ce qu'en dit *M. Testut*, dans *le livre bleu de l'Internationale*, p. 254.

« 1° Relativement aux mines houillères et chemins de fer... le Congrès pense : que les carrières houillères et autres mines, ainsi que les chemins de fer, dans une société normale, appartiendront à la collectivité sociale représentée par l'État, mais par l'État régénéré et soumis lui-même à la loi de la justice. 2° Que les carrières seront concédées par la société non à des capitalistes, comme aujourd'hui, mais à des compagnies ouvrières, et ce moyennant un double contrat : l'un donnant l'investiture à la compagnie ouvrière et garantissant à la société, la reconstitution du monopole; l'autre garantissant les droits naturels de chaque membre de l'association ouvrière vis-à-vis de ses collègues.

» 2° Relativement à la propriété agricole... le Congrès pense que l'évolution économique fera de l'entrée du sol arable à la propriété collective une nécessité sociale et que ce sol sera concédé aux compagnies minières, etc.

» 3° Relativement aux canaux, routes, voies télégraphiques... le Congrès pense que ces voies de communication doivent rester à la propriété collective de la société.

» 4° Relativement aux forêts... le Congrès pense que les forêts doivent rester à la collectivité sociale. »

Ces décisions prouvent à l'évidence que la définition de la révolution sociale que nous avons rapportée plus haut et que nous a fourni l'*Internationale* est en parfaite harmonie avec les visées des travailleurs associés. L'institution sur laquelle est basée l'ordre actuel des choses, et de laquelle découlent mille rapports entre citoyen et citoyen, est la propriété individuelle. Or, celle-ci devant tout entière tomber aux mains de la communauté, le changement ne saurait être plus radical. La propriété individuelle ayant ainsi cessé d'exister, ou peu s'en faut, l'organisation du travail devra être modifiée complètement. Elle devra se conformer à la nouvelle institution. Par conséquent, l'ouvrier qui travaille pour le compte d'autrui et pour un salaire convenu d'avance sera remplacé par les compagnies (1) des travailleurs qui travailleront pour leur propre compte, en prenant à la société les instruments appropriés à leur travail. De ce côté encore, on ne saurait imaginer un changement plus radical. Les deux changements réunis constituent une véritable révolution sociale.

Les opinions du Congrès que nous avons exposées ci-dessus ont donné lieu à des discussions parfois violentes et à des déclarations. La principale, en ce qui nous concerne, s'est engagée sur l'utilité ou le gain que l'ouvrier ou le cultivateur retire de son travail. Ce gain devra-t-il lui appartenir, et si oui, pourra-t-il, en cas de décès, en disposer par testament? La solution de cette question est mise en lumière dans un rapport adressé par la société internationale de Bruxelles et lue au Congrès de Bâle en 1869. Au siècle passé, y est-il dit, deux écoles ont surgi contre les distinctions sociales : l'une des encyclopédistes qui voulait la suppression de tous les privilèges ou distinctions inhérents à la noblesse; l'autre des morellistes (Morelly) et des babouvistes (Babeuf) qui demandait aussi la suppression de la distinction provenant de la propriété. C'était une école communiste dans le sens le plus rigoureux du mot. Mais la première ayant atteint son but, et la seconde non; en ce siècle-ci, a surgi l'école de

(1) Qu'importe qu'on les appelle *syndicats*? Nous avions donc raison de dire que l'Internationale vivait toujours et se recrutait là où il le faudrait le moins.

Saint-Simon qui a su donner au socialisme une forme scientifique. Cependant, comme elle organisait les citoyens hiérarchiquement, et conservait par conséquent l'inégalité sociale, elle ne plut pas à tout le monde. De là, la troisième forme telle qu'elle est comprise et voulue par l'*Internationale*. « Dans le sein de l'Internationale, le socialisme » scientifique et le communisme populaire sous les formes » rajeunies, et sous les dénominations nouvelles de *mutuel-* » *lisme* et de *collectivisme*, se dépouillant de ce qu'ils » avaient d'exclusif et d'absolu, tendent à s'embrasser, à se » pénétrer dans une conception nouvelle de la société (1). »

Que veulent dire ces noms de mutuellisme ou collectivisme? De Paepe nous renseigne à ce sujet dans une déclaration par rapport au retour du sol à la possession de la communauté.

« En effet, dit-il, que veut le *mutuellisme?* Il veut que le » produit du travail appartienne dans son intégralité au » producteur et que ce produit ne s'échange dans la société » que contre un produit équivalent, c'est-à-dire ayant coûté » la même somme de travail et de dépenses (2). »

Le système donc qui jouit des faveurs de l'Internationale, c'est que toute la propriété immobilière et mobilière (fonds et capitaux) deviennent *propriété sociale*, en d'autres termes, qu'elle compose *la collection des biens communs*, et que quand elle aura été partagée entre des compagnies industrielles ou agricoles, à titre de simple usage, il leur soit à tout jamais interdit d'acquérir le droit de propriété sur la portion qui leur sera échue. L'ouvrier et le cultivateur

(1) TESTUT. *Le livre bleu de l'Internationale*, p. 268.

(2) Id. Ibid., p. 284. — Il est inutile de noter, tant la chose est évidente, que les sociétés de secours mutuels qui sont excellentes et hautement recommandables n'ont rien de commun avec le mutuellisme socialiste, tout comme les coopératives de consommation ne sont pas les coopératives de Owen. Les mots seuls se ressemblent, et c'est l'hypocrisie socialiste qui en abuse. A. O.

auront la propriété individuelle de ce qu'ils auront produit (1).

Cette propriété-là, ils pourront l'échanger contre les objets qui leur sont nécessaires, en calculant la valeur et d'après la somme du travail employé pour les produire, et d'après les dépenses qu'ils auront faites *(mutuellisme)*. Les raisons qui militent en faveur de cette forme sont les garanties qu'elle offre. En effet, la perpétuité de la possession sociale de toute la propriété, étant une loi immuable ancrée dans l'esprit des maîtres internationalistes, doit garantir la société contre le monopole, et empêcher que quelqu'un ne s'enrichisse au détriment de l'égalité sociale. La propriété individuelle du producteur sur ce qu'il a produit doit garantir sa liberté vis-à-vis de l'État et la réciprocité des échanges, dans la forme que nous avons indiquée tout à l'heure, protéger la répartition égale de la jouissance et du bien-être parmi tous les citoyens. Telle est la nouvelle forme du communisme, telles sont les raisons imaginées par les chefs de la société des travailleurs.

Nous avons achevé de décrire les principales formes sous lesquelles le communisme s'est présenté au monde, depuis les temps les plus anciens, et l'histoire nous a appris que toutes, l'une après l'autre, ont disparu, qu'elles aient été dédaignées ou combattues par la société ou qu'elles soient d'elles-mêmes tombées en dissolution (2). Ce fait, qui s'est

(1) Voilà comment ils affirment toujours hypocritement qu'ils ne sont pas les adversaires du droit de propriété. A. O.

(2) Nous n'avons fait qu'exposer; mais nos lecteurs trouveront la réfutation de tous ces systèmes dans les écrits suivants que nous publions :

1° Dans la seconde partie du présent écrit;

2° Dans notre travail sur *La propriété, le socialisme et le capital* publié dans la Revue catholique des institutions et du droit Paris. Grenoble;

3° Dans notre livre *entre patrons et ouvriers*, Paris. Téqui;

4° Un quatrième volume paraîtra incessamment sous le titre : *Les causes et les remèdes du socialisme.* Conférences. A. O.

renouvelé tant de fois et toujours avec le même insuccès, nous dit deux choses : la première, que le communisme considéré en lui-même n'est pas en harmonie avec la nature de l'homme, car ce qui est naturel se traduit dans la nature; la seconde, que par conséquent les différentes formes qu'il a prises se sont dissipées, parce qu'elles étaient basées sur le faux. Voilà les deux raisons qui ont empêché le communisme de demeurer sur pied. Il est impossible de lutter victorieusement contre la nature. Elle rentre plus victorieuse en campagne, quand celui qui la combat follement croit l'avoir abattue sous ses pieds.

La constitution d'un état social établi sur des bases pareilles ne saurait donc avoir de durée. Semblable à un édifice bâti sur un fondement qui chancelle, elle est destinée à la ruine.

La nouvelle forme qui lève la tête du sein de *la société internationale des travailleurs* réussira-t-elle? Sans doute : elle réussira très probablement à faire couler à flots le sang humain, à rendre les villes et les campagnes désertes; elle réussira à mettre dans une ébullition désordonnée une grande partie du monde. Mais, quant à l'introduire dans la société humaine, à s'y établir pour y avoir une longue durée, elle n'y réussira pas. L'induction tirée des formes précédentes nous l'affirment. Elle est contre nature, basée sur le faux, donc elle tombera.

....

On nous demande en ce moment avec insistance de dire notre avis, au point de vue économique, sur l'école, ou sur le parti de la démocratie nouvelle qui s'appelle aussi démocratie chrétienne. — Mais la chose en vaut-elle bien la peine? La vie de cette école a-t-elle des chances de durée et de succès? Nous ne le croyons pas. Du reste, elle n'est pas encore entrée dans le domaine de l'histoire, et ce que nous en avons dit en passant, dans tout le cours de nos écrits, suffit, croyons-nous, à faire connaître notre pensée à son sujet. Nous croyons que, pour le surplus, ses chefs n'ont pas suffisamment étudié les problèmes économiques; qu'ils se sont bâti des théories *à priori* démenties par la science et par les faits. A notre avis, ils abusent de la parole de Léon XIII, dans son Encyclique *Rerum novarum*, et donnent leurs propres gloses pour des décisions pontificales, ou peu s'en faut. Ils favorisent, sans le vouloir, l'avènement du socialisme qu'ils prétendent combattre, se contentant de s'appeler les défenseurs de la religion, de la famille, de la propriété. La religion, mais pendant longtemps ils l'ont reléguée au second plan, en se déclarant avant tout les champions du bien-être matériel du travailleur; la famille, mais ils nuisent à sa stabilité par leurs attaques contre la propriété; sur ce dernier point, ils adoptent plusieurs des principes du socialisme, comme nous l'avons fait voir dans le cours de nos écrits. Dans leurs procédés, ils copient ceux du socialisme, soufflent la haine entre les classes, s'attaquent de préférence à leurs confrères catholiques, affectionnent la mise en scène, les déclamations vagues, les assertions hasardées souvent contraires à la réalité des textes et des faits, mêlent la politique aux revendications économiques, et nuisent ainsi à l'action religieuse qui seule peut sauver la société. Tel est notre avis, et celui des hommes les plus compétents en cette matière qui, comme nous, ont suivi avec curiosité le développement de la démocratie parmi nous. C'est tout ce que nous pouvons dire en ce moment pour répondre à l'instance de plusieurs de nos lecteurs.

....

CHAPITRE XII

LES SYSTÈMES ACTUELS DE COMMUNISME NE SONT QU'UN PLAGIAT DES SYSTÈMES PASSÉS

Rien de nouveau sous le soleil. Rien n'arrive au monde de si nouveau qu'on n'en retrouve les traits dans le passé. Cette sentence, si on l'applique aux systèmes communistes du siècle actuel, se trouve être pleinement justifiée. Il suffira de le prouver ici, pour faire voir la légitimité de la conclusion que nous avons énoncée au chapitre précédent. Si nous rapprochons les systèmes de notre temps de ceux du temps passé, et que nous trouvions qu'ils sont absolument les mêmes au point de vue de la substance, de leur forme et des principes sur lesquels ils s'appuient, nous serons en droit de prononcer : si les seconds sont tombés, les premiers doivent tomber également. Prenons le sytème de Owen. Les sociétés coopératives imaginées par lui et mises en pratique sont au fond une copie des cités communistes dépeintes par Thomas Morus, par Campanella, par Morelly et par Mably. Les sociétés coopératives aussi bien que ces cités communistes ont pour principes fondamentaux de toute leur organisation l'abolition de la propriété individuelle, l'égalité absolue, la communauté des biens, du travail et des jouissances, la suppression de la monnaie, l'uniformité de l'éducation. De plus, Morelly organise sous une forme hiérarchique les fonctions de la société en prenant l'âge pour base, et Owen en fait autant. Morelly établit, à titre de dogme, la nécessité des actions humaines, et par suite leur imputabilité. Owen enseigne la même chose. Morelly veut que la propriété soit bannie, parce qu'elle est la cause de la perversion de l'homme dans la société actuelle. Owen la condamne aussi et pour les mêmes motifs. Quant à l'organisation économique donnée aux susdites sociétés coopératives, si on la compare avec celle que Babeuf avait le projet de réaliser, on y rencontre un plan parfaitement semblable. Quand donc on a vu et l'on voit encore une nouveauté dans les sociétés de Owen, cette persuasion est contredite par les écrits de Morelly et par le système de Babeuf.

Passons à l'école de Saint-Simon. Son système est tout entier fabriqué sur les dessins de Campanella dans sa *Cité du soleil*. Le point capital de l'organisation de cette cité, c'est un chef qui la régit sous le titre de *Grand métaphysicien*. Il dispose à son gré des hommes et des choses. Saint-Simon le copie, puisque son grand *Pontife* est tout, dans la cité qu'il imagine. Campanella accorde toute latitude à la chair. Saint-Simon en fait autant, en érigeant en principe la satisfaction des sens. Campanella n'admet aucun culte religieux et le Saint-Simonisme n'est pas en désaccord sur ce point avec lui.

Campanella établit la communauté complète des biens, et en ceci Saint-Simon paraît ne pas être de son avis, tant sous le rapport de la possession des instruments du travail que sous celui de la répartition des récompenses. Mais, en fait, il n'en est pas ainsi, supposé chez le *grand Prêtre* cet empire absolu sur les hommes et les choses, la possession et la répartition deviennent incertaines et suivent le sort de toute autre propriété de la communauté. Finalement, il importe de noter en particulier qu'à l'exemple de Campanella le P. Enfantin, grand maître et chef de l'école saint-simonienne, a déduit toute la forme sociale de celle-ci de l'idée panthéiste M. Villagardelle a fait toucher du doigt ce détail important dans la *Vie de Campanella* qu'il a publiée.

Comme Campanella, écrit-il, Enfantin a déduit de sa métaphysique panthéiste l'idée fondamentale de son organisation sociale. Le pouvoir théocratique y est réalisé dans sa forme la plus monstrueuse, attendu que son despotisme s'étend à la fois au domaine spirituel et au domaine temporel. Dans les deux systèmes le chef suprême est *le métaphysicien*. Il représente l'identité absolue du Dieu des panthéistes; il est le tout de la société, il est *la loi vivante*. Enfantin et Campanella s'accordent à affirmer que Dieu, dans sa trinité, est *amour*, *force*, *intelligence*. De là la division de l'espèce humaine en trois ordres distincts dont le premier est celui des *artistes*, des *sages* et des *industriels;* le second un triumvirat représentant la *puissance*, l'*amour* et la *sagesse*. La propriété individuelle détruite et avec elle l'hérédité, le but de l'un et de l'autre système est l'amélioration *physique, morale, intellectuelle*. Dans les deux systèmes, l'usage des instruments du travail appartient de droit à qui sait s'en servir, et chaque ouvrier remplit une fonction sociale (1). Ils diffèrent sur un point, à savoir que dans le saint-simonisme il appartient à l'autorité de statuer à quel genre de travail les sujets doivent appliquer leur esprit et leurs forces, tandis que dans la *Cité du Soleil*, chacun est maître de soi, sous ce rapport (2). »

Le système de Fourier, si l'on en retranche le partage des passions en différents groupes, n'est qu'un amalgame de théories d'autrui. Le *phalanstère*, à part la dénomination, n'est pas une nouveauté. Au XVIIIe siècle l'idée de familles s'associant en vue du travail, de la culture des champs, de la fabrication, du commerce et de la vie domestique a été proposé par Faignet, et cet écrivain voulait tout comme Fourier que le produit en fût réparti également entre les associés dans la mesure de leur travail et de leurs capacités. Le partage des ouvriers en groupes et la division du travail égayé par la musique et entrecoupé par les malices de l'amour appartiennent à Campanella. Morelly peut revendiquer la réhabilitation de la chair; et la théorie *du travail*

(1) Ce mot, qui vient d'une source si peu respectable, a été répété par M. de Mun et par l'abbé Naudet, un étonnant théologien.

(2) *Vie de Campanella*, p. 39 et 40.

attrayant est une doctrine enseignée par trois grands maîtres en matière de communisme, à savoir par Campanella, par Morelly et par Mably. La négation du mal moral était un dogme pour les anabaptistes. Fourier, en somme, n'a fait que tirer du fonds communiste les principes fondamentaux, et il les a habillés selon les caprices de son imagination maladive.

Cabet et Louis Blanc ont suivi la même voie. Ils ont fait leur profit des écrits communistes de leurs prédécesseurs; le premier pour composer son *Icarie*, et le second pour exposer son *Organisation du travail*. Cabet étant devenu communiste, à la suite de la lecture de l'*Utopie*, a façonné son roman, d'après les chefs-d'œuvre communistes, d'après l'*Utopie*, le programme de *la Société des Égaux* et le *Code de la nature* de Morelly. Il adopte en particulier le principe fondamental de ce dernier écrivain que *tout citoyen est un homme public, nourri et entretenu* aux frais du public. Il admet pareillement cet autre que la capacité plus grande pour le travail, étant un don de la nature, ne mérite aucune récompense supérieure à celle qui échoit à la capacité moindre, et que la satisfaction de l'avoir et de la déployer doit être pour l'individu une récompense suffisante. Au point de vue matériel, ses enseignements sont ceux de Owen; sous le rapport moral, il s'écarte du maître en admettant la famille en Icarie, tandis que Owen, dans son communisme coopératif, la dit *absorbée dans la communauté*. L. Blanc, à son tour, a choisi ses auteurs qui au point de vue des principes théoriques, sont Morelly et Mably, et à celui des principes pratiques, Babeuf. Il exalte jusqu'aux nues leurs doctrines, expose et analyse leurs doctrines et les déclare en opposition avec celles de l'école de la bourgeoisie et de l'individualisme. Ils sont pour lui les représentants au XVIIIe siècle de la tradition impérissable de *la fraternité* conservée, à travers les siècles, « par la philosophie platonienne, par le christianisme, par les albigeois, les vaudois et les anabaptistes (1). Il emprunte au programme de Babeuf et fait siens les articles qui contiennent la moëlle de l'organisation communiste (2).

Il ne faudrait pas croire, du reste, que les fortes têtes du communisme qui ont vécu au siècle passé aient dit des choses neuves. Ils ont au contraire répété ce qui courait les rues à Athènes au temps d'Aristophane qui en a fait une joyeuse comédie sous le titre de *l'Assemblée des femmes*. Les femmes s'étant fait, à force d'intrigues habiles, porter au pouvoir à Athènes, comme premier acte de leur autorité, réformèrent l'État et y établirent la vie commune. La dame Praxagore y figure comme présidente, et elle est en train d'exposer à son mari Blépire en quoi consiste la nouvelle forme de gouvernement et toutes les béatitudes qui doivent fatalement en résulter. J'ordonnerai, dit-elle, que tous vivent en commun, que tous aient leur part de tout et en vivent. De sorte que l'on ne verra plus les uns être riches et les autres pauvres; les uns être propriétaires de terres et les autres n'en avoir pas même quelques palmes, pour y être ensevelis. Je les ferai égaux avec une alimentation égale et commune à tous. Dans ce but, les forums des tribunaux et les portiques où se réunissent les hommes seront transformées en autant de salles où des tables seront mises chargées de mets et de vins de toute espèce. Les hommes iront s'asseoir là à l'heure dite et y banquetteront joyeusement au milieu de chants harmonieux et d'agréables parfums (v. 676 et suiv.; v. 834 et suiv.). Toutes les demeures de la société ne formeront qu'une seule demeure, l'une s'ouvrant dans l'autre. Le toit sera commun, les femmes seront en commun, les enfants en commun, tout en commun. Grâce à cette vie commune, l'usure disparaîtra; il n'y aura plus ni procès, ni rixes,

(1) *Hist. de la Rév. franç.*, T. I, p. 532, 538.
(2) INDRE. *Hist. du communisme*, ch. XVIII, p. 336 et suiv.

ni vols, ni jeux, ni prostitution (v. 655 et suiv.; v. 718). Jamais l'esprit de l'homme n'a imaginé une vie sociale plus douce.

En dépit de tout cela, les hommes mis en scène ne s'y laissèrent pas prendre. Celui-ci déclarait que la communauté des femmes aurait été cause de rixes sanglantes, et que la communauté des enfants aurait été fort préjudiciable à l'autorité des vieillards (v. 615, 635). Un autre affirmait qu'il y avait une grande iniquité à ordonner de mettre en commun les biens qu'un individu avait acquis par son industrie personnelle et à la sueur de son front; que la nouvelle réforme de la cité dans le genre communiste était chose insensée et folle, que ses lois étaient le fruit d'une légèreté excessive et que par suite, il fallait attendre avant de s'y prêter et mettre ses biens en commun. Survenait un troisième qui menaçait de luttes terribles et de violences brutales auxquelles il faudra avoir recours; puis il ajoutait à part lui : eh bien! essayons de mettre quelque chose en commun, et tenons le reste caché. L'homme est fait pour prendre et non pas pour donner Bref, le poète expose avec ce talent magistral et cette habilete familière aux Grecs, les grandes et riantes promesses de bonheur mises en avant par les communistes de son temps (Platon et Cie) pour séduire le peuple; il montre les graves inconvénients de la vie communiste, et l'impossibilité de la conserver, vu la tendance naturelle de l'homme à la propriété. Faisant de tout cela un objet d'amusement, il prouve que le communisme est le rêve d'un esprit malade. A cette époque on eut assez de bon sens pour reconnaître qu'il en était réellement ainsi et l'on s'en moqua (1). Il n'en est pas de même de nos

(1) Pourquoi donc reproche-t-on aujourd'hui à un homme d'esprit et de bon sens, M. J. Demarteau, de tourner en ridicule, à l'imitation des grecs, les billevesées de la démocratie nouvelle? Les utopies de cette dernière ne prêtent-elles pas à rire, et le ridicule n'est-il pas la meilleure réfutation qu'on puisse leur opposer? Quoi qu'il en soit, nous sommes de l'avis d'Aristophane. A. O.

jours. Aujourd'hui conservant les principes socialistes, on jette dans le public sous des formes plus ou moins communistes les mêmes folies, et les populations se montrent disposées à en tenter l'essai. Les philosophes du siècle passé ont remis à neuf les théories antiques et les socialistes de notre époque après les avoir un peu refourbies poussent à la pratique. Nous allons voir dans la seconde partie de cet écrit quel sera le résultat fatal de cette entreprise.

DEUXIÈME PARTIE

LES SYSTÈMES SOCIALISTES D'A PRÉSENT

Nous avons, dans un écrit précédent (1), revendiqué le droit de la propriété individuelle et nous sommes, croyons-nous, demeurés maîtres de ce terrain sur lequel les socialistes entendent et doivent de toute nécessité inaugurer et parfaire la réforme sociale imaginée par eux. Mais nous ne pouvons pas en demeurer là. De la défense nous devons passer à l'attaque. Les merveilles qu'ils promettent comme chose assurée, au cas où leurs systèmes seraient mis à l'essai, le jardin de délices que deviendrait alors la société de l'avenir convertie à leurs principes, pourraient troubler le bon sens chez certains esprits aventureux et leur conseiller d'aider à l'introduction des nouveautés socialistes dans l'organisation sociale. Force nous est donc d'entrer dans le camp socialiste et communiste, d'y examiner les systèmes qui y prévalent, d'en étudier les conséquences qui en découlent, de sonder les bases sur lesquelles ils s'appuient. Ils nous sera permis alors de dire au public : voilà les béatitudes que le socialisme et le communisme, s'ils étaient mis en pratique, vous apporteraient, voilà quel serait la solidité de l'édifice que l'on voudrait construire d'après les plans de cette fameuse réforme.

(1) *La propriété au point de vue du droit et du fait.* 1 vol. 8°. Paris-Grenoble. Extrait de la *Revue catholique des Institutions et du droit.*

CHAPITRE PREMIER

LA GRANDE CHARTE COMMUNISTE ET SOCIALISTE

Quoique les maîtres en socialisme ne soient pas complètement d'accord dans l'exposé de leurs principes et que par conséquent il se rencontre çà et là des divergences dans la confection de leurs systèmes, il n'en est pas moins vrai qu'ils sont universellement d'accord sur la contexture principale et les grandes lignes de leur plan. Il résulte de ce fait indéniable qu'il est possible de réduire à certains points généraux ces principes communs et d'en former comme les articles fondamentaux d'une *grande charte*, d'après laquelle toutes les sociétés particulières imbues de l'esprit socialiste doivent s'organiser plus ou moins explicitement. Ces points généraux se réduisent, selon nous, aux quatre articles suivants :

Article 1. Tous les membres d'une société communiste quelconque doivent, dès leur première entrée dans la dite société, mettre en commun leur personne, leurs facultés, leurs forces et tout ce qui leur appartient.

Art. 2. La somme totale des biens mis en commun est placée aux mains de l'État représenté par un ou plusieurs individus, lesquels sont élus par la communauté. Toute autorité se concentre en lui. Il régit les intelligences, règle les consciences, répartit les instruments et le fruit du travail et punit les infractions aux lois de la communauté. Puisqu'il est infaillible, en tant qu'il représente la volonté générale, les membres seront d'autant plus parfaits que chacun d'entre eux et tous ensemble se conformeront mieux à ce qu'il aura statué.

Art. 3. La fin dernière à laquelle tend, de toutes ses forces, la société communiste, c'est la béatitude commune ou le bonheur de l'humanité sur la terre. L'existence d'une autre béatitude d'au delà de cette vie est une fable, y croire est un préjugé populaire.

Art. 4. La communauté étant la seule forme sociale conforme à la raison, tous les hommes sont obligés d'y entrer, ét ceux qui s'y refuseraient peuvent à bon droit y être contraints.

Tels sont les quatre articles fondamentaux de la *grande charte* communiste. Que ces articles sont en communisme une réalité et non pas un produit de notre imagination, il est aisé de le démontrer. Les promoteurs du communisme se partagent en deux classes : les *théoriciens* et les promoteurs *pratiques*. Les premiers ont jeté la semence des principes d'où le communisme est naturellement sorti, les seconds en ont tiré les conséquences pratiques et se sont appliqués à les réaliser. En cette matière, c'est à J.-B. Rousseau que revient le principal honneur. Aussi Cabet (1), Villagardelle (2) et Louis Blanc (3), des communistes pratiques le lui rendent-ils à l'envie.

Or, le sophiste de Genève, développant dans son *Contrat social* le pacte qui doit régir la société nouvelle, pose comme condition essentielle les lois suivantes : 1° Que tous les

(1) Cet admirable contrat social pour lequel l'admiration des siècles ira toujours en croissant (*Voyage en Icarie*, p. 489).

(2) *Hist. des idées sociales.*

(3) *Hist. de la Révolution française*, liv. III.

membres et chacun d'eux en particulier, mettent en commun leur personne, leurs forces tant intellectuelles que matérielles, et tout en un mot, ce qu'ils ont de bien, de façon qu'il en résulte un corps moral qui ait *son moi* commun, sa vie et sa volonté (ch. VI); 2° que l'État ou le corps politique ait un pouvoir absolu sur un tel corps, un pouvoir pareil à celui que l'homme tient de la nature sur tous ses membres; 3° que celui qui refuserait d'obéir à la volonté générale représentée par le pouvoir suprême qui constitue la souveraineté soit contraint à s'y soumettre par tout le corps; 4° que la volonté générale, quoi qu'elle décide, doit toujours être considérée comme décidant toujours avec droiture, et dans l'intérêt commun; 5° que la fin sur laquelle la société doit toujours tenir son regard fixé est le bonheur d'ici-bas. Ce sont là les principaux éléments juridiques qui forment la partie substantielle de cette société que Rousseau préconise comme étant la seule qui soit basée sur la justice et la vertu. Il fait, il est vrai, des réserves en faveur de la religion et de la propriété, mais ce n'est là qu'un artifice destiné à couvrir le fond de ses pensées et à procurer à son travail une propagande plus étendue et plus aisée dans le monde. Les principes de la *Charte* communiste que nous avons rédigée sous forme d'articles s'y trouvent tous, comme l'avoueront tous ceux qui ont lu avec attention *le Contrat social*.

Les lois tracées par Emmanuel Kant pour servir de règles fondamentales à sa nouvelle société *juridique* ne sont guère différentes. La forme de la société actuelle n'est pas, à son avis, *en harmonie avec la raison*. Pour qu'elle devienne telle, il faut qu'elle se transforme et se reconstitue sur la base de ces deux principes : 1° Dédition totale de l'individu à la communauté; 2° omnipotence de l'État à décider de lui. Or, la seule société juridique étant celle qui est organisée d'après ces principes, le même philosophe en déduit *le devoir universel* qui incombe à tous les hommes d'y entrer et le droit qu'ont tous les membres de contraindre les récalcitrants. Voilà du moins ce qu'il enseigne dans *Éléments de Jurisprudence.* Heghel marche de conserve avec lui, et prenant pour son propre compte les principes susdits, il en tire la conséquence parfaitement justifiée que c'est le Dieu-État qui doit former la croyance et la loi morale. Ce que l'État décide est de l'or en barre, et quiconque veut mener une vie honnête doit s'en tenir aux injonctions de l'État. A dire le vrai, ni Kant, ni Hegel, ni Rousseau ne prêchent le communisme, mais qu'importe? Leurs principes posés, le communisme devient maître du terrain, et il lui est loisible, il est rigoureusement en droit de proclamer son avènement au pouvoir quand il lui plaira. Supposez par exemple qu'aux nouvelles élections, l'État soit représenté par une majorité communiste, la forme communiste pourra être réalisée, le jour qu'il le trouvera bon, et cela sans que personne ait le droit de s'opposer à cette décision passée en loi. L'État, selon la théorie de ces trois grands maîtres, n'est-il pas tout-puissant? N'est-ce pas de lui que doit descendre la règle de croire et d'agir? Ses lois ne sont-elles pas infaillibles? En un mot n'est-il pas en possession d'un pouvoir complet et absolu sur les personnes et les choses? Donc, s'il décrète le communisme, le droit est tout entier de son côté, et le communisme doit s'établir. L'on voit par conséquent que *la légitime possession des biens* laissée par courtoisie à l'individu, dans le système de pareils maîtres, est une possession précaire, une possession révocable au gré des passions de la multitude.

Les communistes pratiques ont donc vu le profit qu'ils pouvaient tirer de cette théorie, ils l'ont exaltée et, ce qui plus est, appliquée. Un coup d'œil au statut des *Égaux* conduits par Babeuf. Ce n'est que le résumé pratique des théories de Rousseau, de Morelly, de Brissot, de Warville et d'autres écrivains du siècle passé. La propriété en commun est, selon lui, la seule qui soit conforme à la justice, la seule féconde. De là, la nécessité de la spoliation universelle au profit de l'État.

L'État prend et concentre entre ses mains toute l'activité nationale, il remplace la vigilance privée par la vigilance publique. L'individu se donne tout à lui, et lui en retour a le devoir de procurer à l'individu *une existence heureuse*. Après quoi, l'État maître des terres doit les répartir d'après leur nature et y déterminer le genre de culture qui leur convient; maître des individus, il les groupe plus ou moins nombreux en tel ou tel lieu : maître de leurs forces corporelles, il les emploie à des travaux qui lui paraissent appropriés; maître de leurs facultés spirituelles, il interdit l'étude des beaux-arts et des lettres, « parce que ce qui n'est pas communicable à tous doit être banni, » il interdit toute doctrine et toute discussion qui soit contraire à la communauté, et « devant prendre le citoyen dès sa naissance et ne pas l'abandonner jusqu'à la mort », il l'élève et le forme dans son esprit et dans son cœur, d'après ses propres caprices. Bref, dans un État pareil, « on voit dominer cette abstraction *infaillible* et *toute-puissante* qui, sous le nom de gouvernement, fait le personnage d'un Dieu descendu sur la terre. Cette tendance n'a pas été suffisamment mise en relief. La dernière conséquence de l'esprit révolutionnaire paraît être le despotisme. Il s'agissait d'abord de restreindre l'action de l'autorité, comme étant chose suspecte; à présent au contraire on veut l'étendre indéfiniment; on disait d'abord que la faculté qu'a l'individu de disposer de lui-même était la plus précieuse conquête du siècle; à présent, au contraire, on affirme qu'il n'y a pas d'autres moyens de pouvoir se perfectionner que l'esclavage de l'individu, que d'entraver toute son activité. C'est là la logique des champions du communisme (1). »

(1) Reybaud. *Études sur les Réformateurs*, vol. II, p. 90.

La conséquence que tire M. Reybaud du statut des *Égaux* est applicable à tous les systèmes pratiques imaginés plus récemment par Saint-Simon, par Cabet, par Louis Blanc, par Pierre Leroux, par Owen, par les socialistes ou communistes d'Allemagne disciples de Kant et de Hegel, parmi lesquels Marx et Lassalle. Les principes qui dominent chez eux à titre de lois indiscutables sont ceux que nous avons indiqués à savoir : la résignation totale de l'individu aux mains de l'État; la toute-puissance de celui-ci sur tous et surtout la satisfaction de ses propres passions comme but suprême de bonheur, et le droit de contraindre par la force ceux qui se refusent à y participer. Le dernier de ces principes est celui que l'on préconise et que l'on cherche à vulgariser aujourd'hui pour arriver de là à la réalisation du premier. On le réclame au nom de la justice et de l'égalité universelle. M. Naquet, une triste célébrité, disait effrontément à l'assemblée de Versailles : « Le droit d'hérédité supprimé sous toutes ses formes, l'égalité serait rétablie en ce monde : et en face d'un pareil résultat, c'est un crime à mon avis d'hésiter un moment. Une si grande utilité oblige chacun à céder son droit nuisible; la morale le lui commande, et s'il se refuse à obéir, la société le dépouille *révolutionnairement* et elle fait bien (1). »

Il ne faut donc pas une bien grande intelligence pour se rendre compte du cortège de prérogatives que doit avoir la société de l'avenir glorifiée par les écrits des socialistes, présentée avec tant d'emphase aux ouvriers par ceux qui les exploitent, au prix de sanglantes révolutions. Ces prérogatives sont au nombre de trois : *esclavage dégradant, despotisme insolent, abrutissement de la créature humaine.* Et pour comble d'audace, ces belles choses, on les présente comme des propriétés de la société. Malheur

(1) *Univers*, 22 décembre 1877.

aux villes et aux peuples qui oseraient les répudier. La force au service d'un droit prétendu saura bien les leur imposer. Nous allons les regarder en face dans les chapitres suivants.

CHAPITRE II

LE PREMIER ARTICLE DU STATUT FONDAMENTAL DU COMMUNISME CONSTITUE UN ESCLAVAGE DÉGRADANT

Les droits individuels se partagent en deux catégories : les uns sont appelés les droits *innés* ou *originaires*, parce qu'ils naissent et prennent leur origine avec la nature spécifique de l'homme, étant donné le simple fait de son existence; les autres sont appelés des droits *dérivés* ou *acquis* parce qu'ils dérivent du développement naturel de la même nature, étant donné un fait qui survient.

Le communisme, par le premier article de son statut, commande la cession en bloc de tous ces droits. Il commande, en effet, la cession du premier groupe des droits innés. Celui-ci se composant du droit d'indépendance personnelle, du droit de propriété sur les forces intellectuelles et physiques et du droit de conservation de son existence propre, la cession entière en est ordonnée en vertu de la première partie de ce premier article, où il est dit : « Que chaque individu doit mettre en commun sa propre personne et ses propres forces, tant intellectuelles que physiques. » Il commande la cession du second groupe des droits dérivés, parce que les droits propres de la famille et les droits sur tout ce que l'homme possède en dehors de soi, se rapportant à ce groupe, la cession totale en est commandée dans les mots qui suivent ceux que nous venons de citer à savoir : « Que tout individu doit mettre en commun tout ce qui lui appartient. »

Une fois cette cession faite aux mains d'autrui, l'homme devient égal aux choses, il devient un instrument, un morceau de craie, en un mot il devient un esclave dans le sens rigoureux du mot, un esclave du paganisme. Nous nous trompons : son esclavage est bien plus avilissant. L'esclave du paganisme, en effet, s'il était né libre, était passé à cet état par violence; s'il était né esclave, une cruelle nécessité l'y retenait. Malgré cela, dans le premier comme dans le second cas, il pouvait nourrir l'espoir d'en sortir par son génie, et dans la condition *d'affranchi* avoir des honneurs et des richesses. Mais il n'en est pas de même pour l'individu communiste, il est esclave en vertu d'un prétendu principe qui l'opprime continuellement et l'enchaîne; la fuite serait pour lui le crime de celui qui déserte son devoir. Pas d'issue : il doit vivre et mourir esclave. De sorte que l'on peut dire de tous ceux qui sont incorporés dans la société communiste : laissez toute espérance de redevenir homme, vous qui entrez. Voilà ce qui constitue *l'esclavage dégradant et inouï*, au sein du communisme.

Mais, tous ces droits sont-ils aliénables? Est-il licite à l'homme de les céder en bloc à qui que ce soit? Non : il y en a parmi eux qui ne peuvent s'aliéner sans commettre un attentat d'une haute gravité, contre l'ordre moral établi par le Créateur.

Le droit est *inaliénable*, quand la renonciation qu'on pourrait en faire contiendrait la transgression d'un devoir; il est *aliénable* quand sa transgression ne contient la transgression d'aucun devoir. Donc la raison immédiate de l'inaliénabilité des droits est l'obligation morale de ne pas renoncer à remplir son devoir, ou si l'on veut la suprématie de l'ordre légal. Ce principe incontestable posé, les droits innés ou originaires peuvent être considérés soit en *eux-mêmes*, soit dans leur *usage*. Dans le premier cas, ils sont absolument inaliénables. Et en effet tous les droits innés dérivent de l'homme, en tant qu'homme, c'est-à-dire en tant qu'il existe avec une nature telle, et en tant qu'il se dirige vers une telle fin que Dieu lui a imposée avec des rapports sociaux qui résultent de cet ordre de choses. Or, l'homme ne peut aliéner ni son existence personnelle, ni son but, sans fouler aux pieds le devoir de tendre personnellement au but qui lui a été fixé. Donc, il ne lui sera jamais permis d'aliéner les droits innés qui vont nécessairement de pair avec son existence personnelle et avec le but de cette existence (1). Que veut en réalité le communisme par son premier article fondamental? La cession pure et simple de tous les droits innés. Car, en exigeant que chaque individu mette en commun son existence personnelle, toutes ses propriétés, toutes ses facultés et tout ce qui lui appartient, la conséquence nécessaire c'est la cession de tous les droits qui sont nécessairement connexes avec son existence personnelle et son but. Donc, le premier article du statut communiste, portant avec lui l'ordre de violer un devoir sacré et fondamental de l'homme, réclame la cession de droits inaliénables.

Ceci en général; prenons à présent la question en particulier : Dieu n'a pas créé les choses et jeté l'homme au hasard dans ce monde, mais l'un et les autres ont été organisés conformément à leur nature. L'homme, par suite, a reçu pour fin dernière de ses tendances le souverain Bien; et les choses ont reçu pour leur fin l'homme lui-même, pour qu'il s'en servît à atteindre sa fin sublime. Il suit de là que le rapport qui existe entre les choses et l'homme est celui de *moyen*, et le rapport qui existe entre homme et homme est celui de deux êtres ayant tous deux le caractère de *fin*. Par conséquent, soit qu'un homme fasse des choses sa fin dernière, soit que quelqu'un se fasse chose aux mains d'autrui, dans les deux cas, le renversement de l'ordre moral ne

(1) Voir Prisco : *Principes de la philosophie du droit. Droit individuel*, liv. II, ch. 1 et suiv.

saurait être ni plus patent ni plus monstrueux. Eh bien! dans son premier article, le communisme exige que c... excès de perversité soit introduit dans sa communauté à titre de devoir sacré. En effet, quand il impose à chaque individu de mettre en commun sa personne propre, ses propres forces et tout ce qui est à lui, il exige en termes assez clairs que chacun devienne la chose de la communauté et soit employé comme tel à l'avantage commun. Et, par là même, non seulement il fait revivre l'esclavage d'une façon inouïe, mais il renverse encore le rapport que Dieu a établi entre homme et homme. Si telle est la conséquence du premier article communiste, sera-t-il permis à qui que ce soit de l'accepter? Il est manifeste que non : le devoir qui incombe à l'homme de maintenir intacte sa dignité personnelle étant inviolable, comme est inviolable l'ordre prescrit par Dieu à l'homme, il s'ensuit que le droit à cette même dignité doit être considéré comme sacré et par conséquent inaliénable de sa nature.

Les droits innés, comme nous l'avons dit, peuvent être envisagés et en eux-mêmes et dans leur usage. Nous venons de les envisager sous le premier aspect, étudions-les à présent sous le second. L'homme, par exemple, a de par la nature le droit de propriété sur ses facultés et ses forces, et, par là même, il est maître d'en user. Supposons que les communistes ne réclament pas la cession du droit, mais se contentent uniquement de celle de l'usage. Dans cette hypothèse le devoir est-il violé? Sans le moindre doute, et il l'est de la façon la plus grave. La cession voulue par le communisme n'est pas une cession quelconque, mais une cession *absolue* et illimitée. C'est ce qui ressort du premier article du statut communiste. Or, la conséquence d'une cession pareille c'est que la communauté aurait le droit d'user des facultés et des forces individuelles comme, quand, et pour tout ce qu'elle voudrait, sans la moindre limite qui viendrait restreindre son vouloir. Ce qui fait évidemment que la volonté de la communauté ou de celui qui la représente devient la règle suprême, l'arbitre régulateur des individus associés en commun, non seulement dans l'ordre civil, mais encore dans l'ordre moral. Mais contre cette prétention se dresse le principe que la règle suprême de toute opération morale, la règle à laquelle l'homme doit se conformer dans l'usage de ses facultés et de ses forces, c'est la volonté de Dieu qui lui est manifestée dans les lois divines. Il résulte de là que la cession absolue de l'usage des droits individuels que veut imposer le communisme entraîne la violation du devoir qu'a l'homme de se conformer, dans son opération, à la volonté de son Créateur, laquelle est véritablement la régulatrice suprême. Cette cession n'est donc pas licite, en d'autres termes l'usage des droits individuels dans les termes posés par le communisme est inaliénable.

Le même principe doit servir encore à juger la dernière incise de l'article que nous examinons ici. D'après lui, tout individu doit mettre en commun tout ce qui lui appartient. Il faut entendre sous cette idée les droits dérivés, comme sont ceux du mariage, les droits paternels et autres semblables. Par rapport à ceux-là, il n'y a rien à dire. Il est plus qu'évident qu'en les cédant, on viole un devoir et que par suite ils sont inaliénables. Le droit mutuel de société indissoluble pour les deux conjoints est manifeste, non seulement de par la révélation, mais de par la nature; les droits paternels sur l'enfant sont chez les parents comme ceux de la cause par rapport à son effet. Il est donc impossible de les céder ou de les aliéner, au profit de qui que ce soit, sans fouler aux pieds les lois de l'ordre moral. En général, nous dirons pour conclure que l'homme étant social de sa nature, le fait et le droit de s'associer sont choses qui lui sont tout à fait propres. Il s'ensuit que lorsqu'il s'associe avec d'autres, en mettant en commun son intelligence, ses forces, ses biens, ses capitaux, dans le but de réaliser un avantage commun, il ne fait qu'agir conformément à sa nature. Cependant une condition est ici nécessaire, c'est que cet acte soit accompli, d'après les lois de l'ordre moral. Or, l'association commune voulue par le communisme manque absolument de cette condition. Elle porte au front le cachet de deux énormités, celui d'un asservissement inouï de la créature humaine, et celui du renversement de toutes les lois morales qui concernent l'individu.

CHAPITRE III

LE SECOND ARTICLE DU STATUT FONDAMENTAL DU COMMUNISME RÉALISE UN DESPOTISME INSOLENT

Le despotisme n'est autre chose qu'un abus de pouvoir au détriment d'autrui, ou, comme le définit de Haller en rapportant sa signification à un pouvoir souverain, le despotisme est la lésion des droits d'autrui de la part d'un plus fort auquel on ne peut résister. Le même écrivain, pour donner plus de relief à son idée, indique les justes limites du pouvoir souverain et signale différents actes qui se commettent au détriment du droit des sujets. « La limite du pouvoir souverain, écrit-il, ne diffère pas du tout de celui que fixe le pouvoir et la liberté des autres hommes. De là la juste indignation contre certaines lois ou déterminations souveraines qui atteignent l'universalité des citoyens; lois et déterminations dont les peuples sont redevables au droit public philosophique (du libéralisme). Celui-ci les exalte avec emphase, sous le prétexte du bien-être public, de l'industrie et du progrès, et va jusqu'à oser les prescrire comme si elles étaient des devoirs rigoureux, et des moyens indispensables pour atteindre le but de la société civile... Chaque homme est maître dans sa maison et peut disposer de ses propriétés. Si donc le pouvoir souverain s'arroge quelque autorité sur les affaires privées des familles; s'il s'entremêle dans l'économie particulière des individus; s'il commande la pratique de tels et tels systèmes dans l'agriculture; s'il exerce une tutelle rigoureuse sur des hommes déjà mûrs; s'il énerve l'autorité paternelle; s'il règle l'éducation et l'instruction domestique d'après ses caprices, et qu'il la soustraie aux parents et à l'influence de l'Église; s'il force les jeunes gens à fréquenter des écoles inutiles ou mauvaises, et en interdit d'autres plus commodes et plus nécessaires : ce sont là autant d'actes d'un despotisme insupportable et funeste, bien que nos philosophes modernes se soient étudiés à leur donner un tout autre air, afin de réaliser leur système d'égalité ou plutôt de bouleversement du monde, et de perfectionner le genre humain à leur gré. »

L'illustre écrivain, poursuivant pendant plusieurs pages l'énumération d'actes de ce genre, range parmi eux la manie de légiférer sur les affaires de l'Église, la fermeture des temples sacrés, ou la suppression des monastères, la confiscation de leurs biens, la réglementation des rapports entre citoyens, sans suivre d'autre règle que la raison individuelle, comme si elle était la source de tout droit et de tout devoir (1).

Appliquez à présent le principe du despotisme et le développement de ce principe au second article du statut communiste; vous verrez que sa mise en action est portée à son comble, dans la société communiste. Tout est mis aux mains du pouvoir souverain : hommes et choses, terres et fruits, capitaux et produits, travail et repos, habitation et alimentation, âmes et corps, l'individu, la famille, la communauté entière. Il peut disposer à son gré de tous et de tout, par les lois et les décrets qu'il lui plaît de faire. Se peut-il imaginer

(1) *Restauration de la science politique*, ch. 39 (texte allemand).

un pouvoir plus despotique que celui que nous offre le communisme? Il n'y a pas de champ, pas de ville, pas de bourgade, pas d'âge, pas de sexe, pas de mouvement vital, qu'il soit individuel, domestique ou social, qui ne soit soumis à la main de fer du pouvoir souverain communiste, et qui ne doive sortir refaçonné à la mesure de ses caprices. Et cependant ce despotisme odieux réclamé par un article de la loi fondamentale du communisme a un caractère qui le rend plus outrageant encore. Il n'est pas seulement un despotisme porté à son plus haut degré, mais encore un despotisme établi en vertu d'un principe social. Sous toute forme de gouvernement quelconque, des actes de despotisme peuvent se commettre; mais les droits violés demeurent intacts, et ne cessent d'exiger une réparation. Il n'en est pas de même dans notre cas. En vertu de la théorie communiste, il n'y a pas de droit individuel qui tienne debout : tous les droits sont concentrés aux mains du pouvoir souverain.

Au sein de la société communiste prévaut le principe en vertu duquel l'État moderne confisque les biens des monastères et d'autres corps moraux supprimés. On commence par détruire ceux-ci par une loi, et ensuite l'État s'approprie leurs biens, en sa qualité d'héritier nécessaire d'un défunt qui, pour être un corps moral, n'a pas, comme tel, des héritiers à qui appartiennent ses biens. Or, le premier article du statut communiste supprime l'individu doué de raison, et le transforme en chose, et le second proclame l'État et le pouvoir souverain légitime possesseur de tous les droits de l'individu supprimé. En un mot : le despotisme du second article communiste n'est pas seulement universel dans l'extension de son exercice, il n'est pas seulement un comble dans son application pratique, il est encore légal au point de vue de sa base. Trois propriétés qui en font *un despotisme sans exemple*.

Mais détournons nos regards de cet indigne spectacle qui

n'est que le travestissement d'un état social rationnel pour les reporter sur *les principes*. Celui qui en forme la base, c'est l'omnipotence de l'État. Mais l'omnipotence de l'État suppose deux idées : la première celle de *l'indépendance* vis-à-vis de Dieu, et la seconde celle de règle suprême des droits et des devoirs vis-à-vis des sujets. Deux extrémités sans pareilles! Dieu est le créateur et l'ordonnateur de l'homme, en tant que celui-ci est un être individuel, et en tant qu'il est un être social. Par conséquent, les hommes considérés sous ce double rapport se trouvant sous la dépendance de Dieu comme sous celle de la cause créatrice et ordonnatrice, il s'ensuit que, pris individuellement et comme individus réunis en société, ils doivent recevoir de la part de l'auteur suprême de tout ce qui existe la fin et la règle de leur action. Donc, l'omnipotence de l'État, en tant qu'elle veut dire indépendance de Dieu, est un rêve de cerveau malade. La société dépendant de Dieu au point de vue de sa fin et de la règle de son action, il est évident que l'État, qui est le représentant de la société et en même temps le régisseur de l'opération sociale, doit en dépendre aussi.

Une règle de droits et de devoirs, pour être suprême, doit être infaillible : sans quoi, il y aurait une autre règle supérieure à elle en perfection. Or, l'individu ou les individus en qui réside le pouvoir souverain étant naturellement faillibles, la règle que ceux-ci pourront prescrire sera faillible aussi, et par suite ne sera pas suprême. Leurs lois et leurs ordres seront donc règle inviolable, pour autant que les uns et les autres représenteront la règle vraiment suprême qui nous est manifestée dans l'ordre social établi par l'ordonnateur suprême qui est Dieu, et pas autrement. Les rationalistes ont beau prêcher l'indépendance de l'être doué de raison que les communistes leur ont emprunté; mais cette prétention de leur part est fille d'un sot orgueil (1). L'omnipotence de

(1) Nous le prouverons dans un volume qui paraîtra prochainement sous le titre : *Causes et remèdes du socialisme. Conférences.*

l'État envisagée comme règle suprême des droits et des devoirs, se trouvant basée sur elle, n'est donc qu'une aberration de la folie humaine. Voilà à quoi se réduit le principe fondamental du second article communiste : à deux rêves extravagants de l'erreur, donnés par lui, comme des vérités irréfragables.

Une fois le pouvoir souverain de la communauté proclamé indépendant, il en résulte pour celui qui en est le dépositaire le devoir de garder jalousement son omnipotence contre tout autre principe d'autorité supérieure qui pourrait le lui contester. Or, l'autorité vivante qui se présente visiblement pour contester énergiquement à l'État sa toute-puissance dans l'ordre moral, c'est l'Église catholique : il doit donc la combattre, et avec elle toute secte qui se dit en possession de la règle des mœurs. Mais l'Église catholique a reçu son autorité de la part du Fils de Dieu Notre-Seigneur Jésus-Christ. Donc le Christ lui-même sera l'objet des attaques les plus violentes du communisme. Finalement, il y a l'autorité souveraine du Créateur qui s'étend sur toutes les créatures et les tient sous son empire. Donc le Créateur deviendra lui aussi un ennemi dont il faudra se défaire à tout prix. C'est l'opération qu'exécute le communisme avec une rare désinvolture. Il fait à l'Église la guerre la plus acharnée. Il n'y a pas d'arme qu'il n'emploie pour briser sa force et l'anéantir.

Tant que cette institution divine, qui comme un soleil intellectuel fait briller la vérité sur le monde entier, qui dévoile les répugnantes inventions de l'erreur communiste, sera debout, tant qu'elle siégera au Vatican, comme reine des consciences, comme interprète infaillible de la morale, le principe de la toute-puissance communiste n'aura ni trêve ni repos, il ne pourra pas se réaliser. Toute la fureur de ses maîtres est tournée contre elle. Rousseau lui conteste ses droits, Kant la bafoue, Hegel pour détruire d'un coup toute supériorité fait de l'homme une émanation divine et crée l'État-Dieu. Parmi les communistes pratiques, Saint-Simon assaille la religion catholique dans son *Nouveau christianisme*, et déclare qu'elle est devenue désormais un avorton, lequel doit être remplacé par un autre christianisme; Fourier, dans ses *Traités de l'association domestique et agricole* et *des Quatre mouvements*, la rejette avec dédain, et lui substitue ses propres fantaisies. Cabet, tantôt la ridiculise dans son *Voyage en Icarie*, et tantôt, l'accusant de mensonge, soutient dans son *Vrai christianisme* que l'Évangile est le vrai code du communisme, et que les communistes d'Icarie sont les seuls chrétiens du XIXe siècle.

Une partie de ses adeptes prêchèrent à mots couverts, dans l'*Humanitaire*, l'athéisme et le matérialisme. Owen posa ce double principe dans son *Association coopérative*. Proudhon, possédé qu'il était par l'esprit de Satan, a dit en langage satanique que Dieu est le mal. Or, l'autorité de l'Église supprimée, l'autorité de Jésus-Christ niée, la suprême souveraineté du Créateur blasphémée, le fondement de tout droit, de tout devoir, de toute conscience est ébranlé, détruit, jeté au vent. Mais quel sera le gouvernement despotique de l'État communiste tout-puissant? Ce sera fatalement celui de Tibère, de Néron, de Caligula, ce sera celui de la Terreur ou quelque autre semblable, pire même que celui-là, si c'est le bon plaisir de celui ou de ceux qui ont en mains le pouvoir communiste.

Si tel doit être l'état des choses dans une société communiste, de quelle nature sera le lien qui reliera le gouvernement et les gouvernés et les particuliers entre eux? La réponse est fort simple. Le lien entre le gouvernement et les gouvernés? Ce sera celui de la force, c'est-à-dire celui qui existe entre le maître et la bête de somme. Le bien entre les individus? Ce sera celui de l'intérêt, c'est-à-dire celui qui relie la bête à l'herbe qu'elle broute. Si vous enlevez tout fondement au droit; si vous supprimez toute raison d'être au devoir, il ne reste plus que la constriction et l'intérêt. On comprend dès lors ce que sera la noblesse de l'action sociale dans la communauté. Un despotisme sans exemple sera sa forme; la toute-puissance de l'État sera son principe, la conscience sans Dieu sera sa loi, la forme et l'intérêt seront les motifs de son action. C'est à réaliser une organisation pareille que tendent tous les efforts des modernes réformateurs de la société.

Le grand et saint Pontife Pie IX l'a dénoncé au monde dès le 20 avril 1849, et les prévisions de sa haute sagesse n'ont été, hélas! que trop justifiées. « Ces hommes, disait-il dans son allocution de ce jour, n'ont pas d'autre but que celui de voir s'accroître chaque jour davantage les agitations des populations, de supprimer tous les principes de la justice, de la vertu, de l'honnêteté et de la religion. Ils veulent qu'à la fin s'introduise dans la société, se propage et domine en tous lieux le système horrible, souverainement désastreux et absolument contraire à la raison elle-même et au droit naturel, du *socialisme* ou du *communisme,* comme on l'appelle, et cela au grand détriment et pour la ruine de toute la société humaine. »

CHAPITRE IV

LE TROISIÈME ARTICLE DU STATUT FONDAMENTAL DU COMMUNISME RÉALISE L'ABRUTISSEMENT DE LA CRÉATURE HUMAINE

Un étrange spectacle se renouvelle tous les jours sous nos yeux. D'une part, le Seigneur-Dieu qui, après avoir formé l'homme à son image et lui avoir ceint le front de la radieuse auréole de la grâce, l'élève à un degré de noblesse supérieur à la nature humaine et le fait maître des œuvres sorties de ses mains créatrices; de l'autre, les socialistes et les communistes plus que tous les autres rebelles, qui après avoir rejeté avec rage la lumineuse auréole, et mis tous leurs efforts à anéantir en soi la divine image, descendent à un degré inférieur, et se mettent au rang des animaux les plus vils, comme s'ils étaient de la même nature. Fous d'un aveugle orgueil, ils ne voient dans l'organisation sociale établie par le Créateur rien que désordre, iniquité, corruption; dans l'économie de l'œuvre du Christ rédempteur, que superstitions, artifices et fables sans valeur. Aussi, réclament-ils à grands cris une réforme radicale de la société, une nouvelle vie sociale. Leur *Grande Charte* communiste en mains, ils viennent offrir aux hommes leur troisième article fondamental qui donne pour fin à la société nouvelle la jouissance d'ici-bas, la béatitude des sens. C'est là, d'après eux, le but unique auquel l'homme doit tendre de toutes ses forces, pendant toute la durée de son existence. Mais la fin est le premier élément qui se fait jour et se fixe dans l'esprit d'un organisateur. Donc les profondes spéculations de ces étonnants réformateurs ont abouti à leur faire voir que l'homme ne saurait avoir une fin qui soit hors de ce monde. Ce qui revient à dire que l'homme naît, croît et meurt à l'égal des bêtes, en d'autres termes qu'il est un animal ni plus ni moins que les animaux qui peuplent les champs et les forêts.

Mais l'homme, du moment qu'il s'est multiplié, se distingue des bêtes sur deux points. Le premier, c'est que la terre ne lui fournit pas de quoi suffire à ses besoins, si ce n'est au prix de sueurs et de peines; l'autre, qu'il est doué d'un peu de lumière et de raison. De là, deux conséquences profondément tristes. La première que ceux qui ont en plus grande quantité le génie et les forces corporelles ont la faculté de se procurer en abondance les moyens de subsistance et de jouissance; la seconde que les plus faibles et les moins habiles sont condamnés à être soumis et opprimés, et cela au grand détriment de l'égalité qui existe, de par la nature, entre les animaux d'une même espèce. Les grands réformateurs, en étudiant le problème de savoir comment un inconvénient si grave pourrait être supprimé, en ont trouvé la solution. Celle-ci consiste à partager les hommes en *phalanstères*, en communautés ouvrières, en communautés agricoles et à organiser dans leur sein la vie de communauté, de façon qu'ils travaillent en commun, qu'ils vivent en commun, qu'ils se propagent en commun, et jouissent en commun du fruit de leur travail. L'idée d'une organisation pareille n'était pas, du reste, si sublime, qu'il fallût y apporter plus d'étude.

Elle est appliquée tous les jours, par les grands éleveurs de bestiaux. Ceux-ci en effet, pour qu'il ne se produise pas des confusions ou des désordres regrettables, partagent d'ordinaire leurs troupeaux en différentes catégories, les parquent en telle ou telle partie de la tenance où ils puissent régulièrement paître et se développer en commun. Malgré cela, les réformateurs en question ont non seulement proclamé cette admirable découverte de leur génie, sans en rougir le moins du monde, mais ils s'en sont vantés comme d'une précieuse invention. Bien entendu qu'en leur qualité de maîtres de cette vie commune, ils prennent pour eux la fonction d'éleveurs et de répartiteurs des produits, imposant à leurs crédules disciples celle de bestiaux. C'est ainsi qu'ont fait un Saint-Simon, un Fourier, un Cabet, un Owen et d'autres. Voilà où vont aboutir les grands mots de liberté, d'égalité, de fraternité, les grandes promesses de réforme sociale, de société nouvelle, de société de l'avenir où régneront la justice, la paix, la béatitude à la honte de cette société qui a surgi, qui a cru et qui a vécu sous les bases de l'ordre établi par Dieu. Tout se réduit à faire de l'homme une bête, à le parquer comme une bête, à le confiner dans un genre de vie, dans des jouissances propres à la bête. Dieu ne pouvait punir par une dérision plus amère l'orgueil de l'homme qui prétendait corriger le plan divin. Il l'a abandonné aux conseils de sa pauvre intelligence et de ses aveugles passions, et il est sorti de là non pas avec la noble et véritable idée d'être un homme doué de raison, mais avec celle d'être semblable à l'animal sans raison. *Homo cum in honore esset non intellexit, comparatus est jumentis insipientibus et similis factus est illis,* a dit dans ses Psaumes (48, 13), le Roi-Prophète.

Il y a de plus, en cette matière, une circonstance à noter qui fait de cette idée quelque chose de tout à fait nouveau et de plus qu'étrange. Si les bêtes vivent et agissent en bêtes, il n'y a rien à redire. Elles vivent et agissent conformément à leur nature, et de l'ordre fixé par le Créateur. Il n'en est pas de même de celui qui se fait maître en communisme. Étant doué de raison, il a étudié la nature humaine, et après avoir discouru à part lui sur ce sujet, il en est arrivé à la conclusion suivante : Je suis une bête à l'égal de toute autre bête des champs : ma fin est par conséquent identique à la sienne. Mais, s'il en est ainsi, ma manière de vivre ne devrait pas différer de celle de la bête, et, par suite, mon bonheur est tout à fait d'ici-bas, il consiste à satisfaire le mieux et le plus qu'il m'est possible l'instinct de mes passions. Le maître en communisme se ravale donc au rang de la bête en vertu d'une conséquence étudiée et que sa raison a déduite. Voilà où gît l'énorme contradiction qui rend son abrutissement tout à fait inouï. Eh quoi ! vous êtes doué de raison, vous n'êtes donc pas une bête qui n'en a point. Votre raison vous place dans l'ordre des êtres à un degré essentiellement différent de celui des animaux et supérieur à lui : donc votre fin est totalement différente de celle des bêtes et supérieure à elle. Donc, devez-vous conclure, votre vie doit être subordonnée à des lois correspondantes à l'élévation et à la diversité de votre fin.

Il y a, il est vrai, des hommes, et le nombre n'en est pas

petit, qui, entraînés par une coupable passion, se plongent et demeurent dans un genre de vie digne des bêtes, comme s'ils avaient placé là leur bonheur final. Mais, du moins, tout en vivant de la sorte et en s'avilissant si profondément, ils ne se considèrent pas comme étant de la même nature que les bêtes. Les communistes au contraire se disent et se croient des animaux et vivent comme un troupeau d'entre eux. Mahomet lui-même, en dépit de son paradis bestial, est dépassé, en fait d'impudeur théorique, par les réformateurs communistes. En effet, il a eu soin de défendre à ses adeptes l'étude de sa doctrine, parce qu'il savait bien que celle-ci n'aurait pas résisté au raisonnement d'un esprit studieux, sans paraître ce qu'elle est en réalité, une doctrine bestiale. Secondement quand il promet à ses fidèles un paradis bestialement voluptueux, après leur mort, il montre par là la persuasion où il est que quelque chose de l'homme survivra, après la dissolution du composé humain. Le réformateur communiste au contraire loin de refuser l'étude l'impose, mais il veut qu'à la suite de celle-ci, on déduise la conséquence de la bestialité humaine, et rejetant toute idée d'immortalité, il fait de l'homme, sous tous les rapports, une simple brute. En un mot le communiste établit l'abrutissement de l'homme, il l'établit d'une façon inconnue jusqu'à l'avènement du communisme.

Mais, contre la mise en pratique d'une idée si monstrueuse se dressent comme une forte digue les principes moraux, la conscience et la divine sanction. Aussi les communistes réformateurs se sont-ils mis à l'œuvre pour en anéantir jusqu'au dernier vestige dans l'esprit des hommes. L'homme, selon certains d'entre eux, naît et est bon par nature : aucune action mauvaise ne lui est imputable, et quand il en commet quelqu'une, la faute en est au milieu dans lequel il vit, c'est-à-dire à la société qui est mal organisée. D'autres sont d'avis que la conscience est un mot vide de sens qui ne représente rien d'exact en fait de moralité. La morale elle-même, telle que la religion la prêche, est un amas de préjugés et de mensonges, un système imaginé par intérêt. Réduite à son être propre, elle ressemble aux autres sciences changeantes, et par suite, tout comme la science astronomique, elle peut être faite, défaite et refaite d'après de nouvelles théories et des découvertes récentes. De même qu'il y a des sciences qu'on ne connaissait pas auparavant, ou dont on n'avait qu'une faible idée, de même aussi, il a pu se faire qu'il y a eu une époque où l'on ne connaissait, en fait de morale, à peine une syllabe. Ne venez pas parler de l'enfer ou des peines de l'autre monde : ce sont là des fables et des épouvantails des époques d'ignorance. Dieu n'existe pas, ou s'il existe il ne s'occupe pas de la manière dont l'homme vit et agit. Tels sont les enseignements que nous lisons dans les écrits de Morelly, de Brissot de Warville, de Fourier, de Cabet, de Pierre Leroux, de Sarcey, de Saint-Simon et de leurs pareils. Tous sont unanimes à nous dire : il n'y a pas de morale; il n'y a pas de conscience, il n'y a ni enfer ni paradis, il n'y a pas de Dieu. Homme de notre parti, livre-toi à tes caprices; cherche ton bonheur dans les jouissances matérielles sans ombre de crainte. Mais, nous le demandons, n'est-ce pas là faire descendre l'homme au rang de la bête?

Eh bien! les réformateurs communistes ne sont pas satisfaits encore. La plupart ont conservé l'idée religieuse, mais ils l'ont arrangée de façon que la licence la plus éhontée, grâce à la religion, ait l'air d'être de la vertu. Saint-Simon et ses disciples, après avoir fait l'éloge du catholicisme, s'en défont poliment, en déclarant qu'il n'a plus de raison d'être parce qu'il ne s'harmonise plus avec le progrès. Une autre religion est appelée à venir le remplacer, et celle-ci n'est autre que la religion prêchée par Saint-Simon et son école. Or, chez elle la morale est à peu près tout : le dogme et le culte sont choses accessoires. Le principe pratique du christianisme primitif : *les hommes doivent se conduire les uns vis-à vis des autres comme autant de frères* y demeure à la base, mais il est transformé de façon à représenter le but auquel doivent tendre tous les efforts religieux. Il doit donc être proposé en ces termes : *la religion doit guider la société vers le grand but d'améliorer le plus vite possible le sort de la partie la plus pauvre.* Il s'ensuit « qu'à la tête de la nouvelle Église doivent être placés les hommes les plus capables de travailler par leur action à l'accroissement de ce bien-être que n'a pas la partie la plus pauvre de la population (1).

Telle est l'idée fondamentale de son *Nouveau christianisme.* Les noms sacrés de Christianisme et de l'Église, le but de la religion y sont travestis de la façon la plus bizarre. D'après l'école de Saint-Simon, l'Église n'est plus une société d'hommes rachetés par le sang de Jésus-Christ, d'hommes élevés à la dignité de fils adoptifs de Dieu et d'héritiers de son royaume; elle est une réunion d'hommes pour qui la religion doit être le vil instrument d'une béatitude qui ne les élève pas d'un degré au-dessus de la terre, en d'autres termes d'une béatitude propre aux animaux.

Il en est de même quand il s'agit des prononcés pratiques de la conscience. Sous le masque de la religion se cache la pourriture la plus nauséabonde du vice. « La chair, d'après cette morale, doit être réhabilitée. Le paganisme a été franchement sensuel; le christianisme réagissant d'une façon exagérée contre la dissolution payenne est tombé dans l'excès contraire. *Les plaisirs des sens sont choses saintes.* Il n'est pas convenable que l'homme soit tiré à droite par la chair, à gauche par l'esprit : l'*antagonisme* entre l'âme et le corps doit cesser : *le dualisme catholique* doit disparaître.

(1) Nous prions les réformateurs modernes de méditer ces paroles, et de voir s'ils ne font pas fausse route. Le P. Steccanella semble le croire. A. O.

L'adage *mortifiez-vous, abstenez-vous* doit céder à cet autre : *sanctifiez-vous dans le travail et le plaisir* (1). » Une fois cette théorie charnelle mise à la base de la morale, il n'y a pas d'infamie qui ne devienne chose sainte. Le mariage est mis au ban de la société, la famille anéantie, l'homme et la femme sont déclarés également libres : en s'accouplant ils forment une unité collective qu'ils peuvent dissoudre à leur gré, pour se recomposer en une nouvelle unité avec d'autres éléments, comme le font précisément les autres animaux. Telle est la doctrine Saint-Simonienne, telle est, en général, celle des autres professeurs de communisme qui, ne voyant en l'homme qu'un morceau de chair, le plongent tout entier dans la boue des plaisirs sensuels, par la loi de la promiscuité. Fourrier, sous ce rapport, dépasse tous les autres. D'après sa doctrine : « les passions étant *des impulsions divines*, il faut leur donner un libre essor, sous peine de méconnaître l'œuvre de Dieu (2). Descendant ensuite aux détails d'application, il n'eut pas honte d'écrire des choses qui feraient rougir les animaux, si les animaux étaient capables de rougir. Hegel, ayant fait de l'homme une émanation divine, conclut qu'il n'y a au monde ni bien ni mal moral en soi, mais qu'une action est bonne ou mauvaise, d'après l'appréciation de l'individu et de l'État, en d'autres termes, que l'individu ou l'État ont pleine et entière licence de se former la morale à leur gré. Dès lors, quelle que soit la vie qui résulte de ces règles, qu'elle ait l'air d'être brutale tant que l'on voudra, elle n'en est pas moins droite, parce qu'elle n'est qu'un des modes infinis d'après lesquels *l'idée absolue* s'individualise et se développe. En somme, le vice n'est pas seulement ennobli, mais élevé à l'état de vertu, mais divinisé. Le paganisme l'avait incarné en

(1) V. *Doctrine* de Saint-Simon. Exposition.

(2) V. *Théorie des quatre mouvements* et le *Traité de l'association domestique agricole*.

certaines divinités, mais, malgré cela, il exaltait la vertu dans ses lois, et punissait sévèrement ces vices qu'il semblait honorer dans les dieux. C'était au siècle des lumières qu'était réservé l'honneur de voir le vice, sous l'influence des réformateurs communistes, consacré dans les lois comme chose divine, et l'homme abruti d'une façon toute nouvelle et jusqu'à nous inouïe.

CHAPITRE V

LE QUATRIÈME ARTICLE DU STATUT FONDAMENTAL COMMUNISTE OU L'OBLIGATION D'ENTRER DANS LA COMMUNAUTÉ

L'obligation qu'a la société présente d'accepter la réforme communiste est, d'après la doctrine de la secte, une obligation universelle, stricte et péremptoire. Tout individu est par conséquent obligé : 1° à entrer dans une société sur le seuil de laquelle il devra faire la cession pure et simple de ses droits personnels; 2° à se soumettre corps et âme aux volontés des régisseurs, pis qu'un vil esclave du paganisme; 3° à vivre en troupeau comme s'il était un animal sans raison. La contradiction avec les lois de la nature ne saurait être ni plus patente ni plus répugnante. En effet, dans cette hypothèse, nous aurions la nature qui donne et ôte en même temps le droit individuel, qui donne et ôte en même temps la dignité personnelle, qui donne et ôte en même temps l'ordre de vivre conformément à la raison. Le communiste, ne tenant pas compte de cette contradiction, met en avant quelques-uns des arguments particuliers qu'il s'est créés, puis il conclut : vous voyez que la raison naturelle exige que la société soit réorganisée d'après notre *charte*.

Pour notre part, laissant de côté ces arguments qui ne sont qu'un mirage, nous aimons mieux aller à la source funeste d'où ils jaillissent. Cette source n'est autre que l'indépendance souveraine de la raison humaine de toute autorité extérieure quelconque. Les premiers maîtres du communisme posent comme principe incontestable que la raison est un flambeau qui suffit à l'homme pour tout et dans tous les cas. L'autorité divine et celle de l'Église établie par Dieu, pour servir de guide à l'humanité errante, ne doivent compter pour rien aux yeux de l'homme. Le seul maître, le seul guide qu'il ait dans le chemin de cette vie, c'est sa raison. Le réformateur communiste s'étant, en vertu de ce principe, soustrait à la souveraineté divine, a brusquement brisé les deux rapports nécessaires qui le reliaient à elle : le rapport de principe et le rapport de fin. Ceux-ci rompus, il s'est soustrait encore au magistère d'en haut. Dieu n'est plus pour lui le centre autour duquel doivent se mouvoir les créatures, le centre d'où elles doivent recevoir la lumière et l'assistance dans leurs mouvements. Il est comme s'il n'existait pas. Que deviendrait notre système planétaire si tout à coup le soleil était anéanti ? Les ténèbres et le désordre succéderaient subitement à la clarté et au cours régulier et harmonieux des planètes qui évoluent autour de lui. C'est là ce qui arrive aux réformateurs communistes qui se sont déclarés indépendants de Dieu. La cécité et le désordre tombent sur eux. Après avoir, dans leur orgueil, répudié le principe vrai et la vraie fin de l'homme, ils ont cherché à la placer ailleurs. De là les extravagances colossales qu'ils ont édictées par rapport à l'un et à l'autre ; de là aussi cette *grande charte* communiste obligatoire pour tous, présentée comme la règle infaillible de la vérité morale, résultant de leurs recherches philosophiques. Donnons ici les principaux échantillons de leurs découvertes.

Rousseau met à la base de sa discussion l'état sauvage comme s'il était l'état naturel de l'homme. Son esprit n'a pas su voir ailleurs l'origine de l'homme, si ce n'est dans les bois et parmi les bêtes. Or, dans cet état deux choses sont apparues à ses regards, comme des propriétés irrétragables de la vie humaine, la communauté des choses, et la liberté pleine et entière qu'avait l'homme de satisfaire le mieux qu'il pouvait tous ses désirs. Il a conclu de là que l'état civil, pour être juridique, devait être composé sur le modèle de l'état naturel, et que ce résultat serait obtenu si, dans la nouvelle forme sociale, on conservait le plus possible deux propriétés caractéristiques : la communauté et la liberté. Mais comment retenir sous ce frein une masse d'associés qui ne reconnaissent pas Dieu, comme premier principe, et fin dernière de la créature raisonnable, sans que la communauté en souffre ou que la liberté y perde? Les membres sont-ils oui ou non de tempéraments et de forces différents? Donc la liberté individuelle absolue viendrait gêner, détruire même la communauté; et la communauté absolue créerait des entraves à la liberté. Pour obvier à cet inconvénient, Rousseau a imaginé la puissance plénière d'un gouvernement issu du suffrage universel des associés. Ce gouvernement en sa qualité d'élu représenterait la volonté universelle, et en sa qualité de tout-puissant ou de maître absolu de tout ce qui concerne les particuliers, il représenterait la communauté des biens. Cet expédient, croyait-il, sauvait à la fois la communauté et la liberté. Les communistes ont ajouté foi à sa parole, et ils ont réalisé sa pensée dans la confection de leur *Grande Charte*. Et comme l'état social qui en résulte est donné comme seul juridique, ils en ont tiré la conclusion : que tous sont obligés d'y entrer.

Saint-Simon, mettant à la voile de la même plage, a pris pour fil conducteur de son raisonnement la perfectibilité ou le progrès. « L'homme, écrivait-il, ne se distinguait pas des autres animaux d'une façon assez sensible. On voyait un avantage dans la structure de ses formes supérieures à celles des animaux; de là, le commencement de son progrès moral,

Après la découverte du langage, son intelligence se renforça, et rayonna chaque jour davantage. Il n'en fut pas de même des autres animaux qui, chassés par l'homme dans les forêts on réduits à l'esclavage domestique, virent leur instinct devenir plus grossier. Que si la race humaine disparaissait du monde et que les animaux retournassent à leur vie primitive, l'espèce la plus parfaite commencerait aussitôt à s'élever au-dessus des autres et à se perfectionner par degrés. L'homme, en attendant, ayant pris le dessus, continua, sans obstacle, son progrès tant dans l'ordre politique que dans l'ordre moral et religieux. Dans l'ordre politique, il y eut d'abord les esclaves, puis les salariés, et en dernier lieu il y aura des associés et des frères qui participeront également, dans la mesure de leurs capacités, aussi bien au travail qu'aux jouissances. Dans l'ordre moral et religieux on a eu d'abord le paganisme, puis le christianisme, et finalement une nouvelle religion doit apparaître et se rendre universelle. Son but sera de procurer le bien-être de la majeure partie de la société pauvre et déshéritée et d'enlever du monde toute inégalité sociale. Quel est le système qui devra opérer toutes ces merveilles? La chose n'est point douteuse. Ce sera le système de Saint-Simon modelé sur les articles de la *Grande Charte* que nous avons décrits précédemment. Tout considéré, par conséquent, les principes sur lesquels se fonde le communisme Saint-Simonien et l'obligation d'y entrer ne diffèrent guère de ceux de Rousseau qui sont : l'homme-bête, la béatitude suprême dans la satisfaction des sens; nul égard à Dieu considéré comme principe et comme fin; la doctrine que la société est tout simplement l'œuvre de l'homme, une chose factive et non pas naturelle.

Pierre Leroux, disciple de Saint-Simon, après la mort du maître, ouvrit une nouvelle école. Le fond sur lequel il travailla est le panthéisme le plus grossier. L'homme, d'après lui, n'est pas composé de deux substances distinctes et réelles, l'âme et le corps, mais un mélange tel quel des deux qui doit être nommé *esprit-corps*. Et il ne faudrait pas croire que chaque individu ait une personnalité propre : ce serait là la continuation d'une erreur que notre fol orgueil nous a mise dans la tête. Le dieu-humanité est chez les particuliers le véritable agent. Il est visible chez eux, et invisible en dehors d'eux. Il est comme dans l'état d'une force aveugle latente et somnolente ayant besoin d'un stimulant pour s'éveiller et recommencer l'œuvre d'une nouvelle apparition visible et active. Cette renaissance ou réapparition n'est pas sans avantage. L'homme, le dieu-humanité, est intrinsèquement perfectible dans ses facultés et dans sa nature elle-même. De telle sorte que chacune de ses nouvelles apparitions marque un degré de perfectionnement supérieur, soit dans ses forces, soit dans sa vertu, soit dans son intelligence, et un pas de plus vers le type éternel de justice et de perfection, auquel l'humanité tend comme vers son centre. Notre immortalité consiste donc dans les réapparitions individuelles que nous faisons continuellement sous de nouvelles formes visibles, passant de l'état de force latente à celui de force active; et la félicité vers laquelle nous nous sentons inclinés, devra s'accomplir ici-bas; elle s'accomplit même déjà, par le fait que nous nous rapprochons chaque jour davantage du type éternel susdit. Il s'ensuit qu'envisagés à la lumière de ces principes fabriqués sur un fond panthéiste, la famille, la patrie et la propriété, Leroux n'hésite pas à les condamner comme un affreux désordre dans leur organisation présente. Elles doivent se reconstituer de façon à ce qu'elles servent à la communion indéfinie de l'homme avec ses semblables et avec l'univers.

Mais ce résultat ne sera obtenu qu'en posant l'égalité à la base du nouvel ordre des choses, et en introduisant la solidarité des individus, comme principe obligatoire. C'est là ce qu'exige l'identité supposée entre l'homme individu et l'être général humanité. Cette réorganisation ayant à la fin fait tomber l'inégalité au sein de la famille, de la patrie et de la propriété, on verra alors poindre l'aurore fortunée de cette béatitude vers laquelle l'homme tend incessamment de tous les efforts de son intelligence et de son activité. Ce discours est suffisamment explicite. La communauté parfaite de tous les biens individuels est chose absolument obligatoire pour tous les hommes.

Tels sont les principaux systèmes où l'on réclame, au nom de la justice et du droit, la transformation de la société actuelle en société communiste, et où l'on veut imposer l'obligation universelle de s'y incorporer. L'argument que l'on met d'ordinaire en avant est l'égalité naturelle, laquelle n'est autre chose que la conclusion des principes que nous venons d'indiquer. Elle en sort comme l'arbre de sa racine. Nous verrons plus loin que les hommes, s'ils sont égaux au sens abstrait, sont inégaux au concret, et que, par conséquent, vouloir fonder l'organisation de la société sur le principe de l'égalité, c'est vouloir l'organiser sur l'absurde ou l'impossible. Mais, quand on vient à tomber dans un précipice, n'est-ce pas la condamnation de la route qu'on a suivie? De même ici, la conclusion à laquelle on arrive n'est-elle pas la condamnation la plus manifeste des principes qui l'amènent fatalement? Du reste, il ne faut pas beaucoup d'efforts pour démontrer l'absurdité de ces principes. L'effet est intrinsèquement dépendant de sa cause; or, l'homme est l'effet de la main créatrice de Dieu. Donc, le principe de son indépendance souveraine de toute supériorité ou autorité extrinsèque est absurde. Un être quelconque ne saurait trouver son repos ailleurs que dans un objet proportionné à ses tendances naturelles; or, pour l'homme doué d'intelligence et de volonté, l'objet proportionné à ses tendances naturelles est le vrai et le bien absolu. Donc, il est impossible qu'il puisse trouver son repos, en d'autres termes :

trouver sa béatitude finale dans les biens matériels qui ne sont pas proportionnés à ses tendances.

Il est absurde encore de faire tous les hommes identiques à l'humanité et de leur refuser toute personnalité propre, alors que les principes et les faits nous prouvent qu'ils sont totalement différents. Mais une absurdité sans pareille, c'est l'idée d'un infini et d'un *absolu* qui, inconscient de lui-même dans son océan de l'être, devient conscient quand il devient fini en l'homme. Du reste, les absurdités que présentent les théories de ces grands maîtres sont telles qu'on peut les ramasser par brassées. Mais une obligation et un droit ne sauraient être basés sur un titre absurde, ni sur un principe et un fait imaginaires. Pour que l'un et l'autre aient cours parmi les hommes doués de raison, il faut qu'ils soient appuyés sur un titre authentique, il faut qu'ils sortent de principes vrais, et soient soutenus par des faits historiques certains. Donc, lorsque les maîtres du communisme somment, au nom du droit outragé, tous les hommes d'entrer dans leur communauté et les menacent de violence, quand ils ne remplissent pas ce devoir, leurs clameurs ne sont qu'une solennelle imposture, la falsification, on peut mieux dire l'anéantissement du droit.

C'est du reste un fait fort étrange que d'entendre ces gens-là invoquer constamment la justice, le droit et le devoir. Ils détruisent la base de toute justice, de tout droit, de tout devoir commun à tous les hommes; ils la détruisent si bien qu'ils n'en laissent aucun débris intact, et puis ils ont toujours ces grands noms à la bouche. Sur quoi, en effet, le droit s'appuie-t-il, comme sur une base à toute épreuve? Sur l'ordre de la nature humaine. Un principe théorique et pratique n'est juste et ne peut servir de titre à un droit que pour autant qu'il est conforme aux lois de l'ordre naturel, et réciproquement un principe est inique et contraire au droit pour autant qu'il est en opposition avec ces mêmes lois.

Mais cet ordre moral du juste et de l'injuste, du droit et de l'iniquité, c'est Dieu qui l'a fait en sa qualité d'ordonnateur de l'homme créé par lui. Il ne l'a pas seulement fait, il lui a donné la sanction de la vie pour qui l'observe, de la mort pour qui le viole. Voilà d'où provient toute la force morale soit du droit, soit du devoir sur l'esprit humain. Je me sens obligé à poser tel ou tel acte, pour autant que l'ordre établi par Dieu me contraint à le poser. Et en attendant, je me sens assez fort pour contraindre un autre à se soumettre au droit que j'ai à son égard, si je puis faire luire à ses yeux la loi de l'ordre moral, et lui montrer qu'elle est de mon côté et qu'elle a pour elle la protection invincible de le sanction divine. Les professeurs de communisme, quand ils donnent, en général, à leurs théories pour principe fondamental, la souveraine indépendance de l'homme de toute autorité spirituelle extrinsèque, anéantissent par là même tout rapport entre l'homme et Dieu considéré comme le principe et la fin de l'homme, c'est-à-dire comme son ordonnateur. Mais, du moment où toute idée d'ordonnateur est détruite, il faut nécessairement que toute idée d'ordre soit détruite également; et avec l'idée de l'ordre disparaît du monde toute idée de justice, de droit et de devoir qui soit commune à tout le genre humain. Donc, quand les communistes font appel à la justice, au droit et au devoir, leur appel n'a pas de sens, attendu que ce sont là des idées détruites par eux précédemment; leur appel est en pleine contradiction avec leurs doctrines. Ce qui leur reste, ce sont les jugements privés de la raison individuelle proclamée souveraine. Mais ces jugements sur le justice, sur le droit, sur le devoir n'ont aucun pouvoir moral pour lier et mouvoir la raison et la volonté d'autrui également souveraines. Donc, l'unique ressource qu'ils auront pour les faire triompher ce sera la force. Et de fait, il en est ainsi. Tout leur système est basé sur la force. Pour l'introduire, ils font appel à la révolution, c'est-à-dire à la violence; pour le maintenir là où ils ont réussi à l'introduire, ils donnent pour règle à l'action sociale la simple volonté d'un chef ou du plus grand nombre des chefs soutenue par la force publique.

De tout ce que nous avons dit à propos de *la grande charte* communiste, il résulte clairement que toutes les réformes voulues par le communisme aboutissent fatalement à l'avilissement, à la dégradation, à l'abrutissement de l'espèce humaine. L'homme, aux yeux de ces grands réformateurs, n'est plus qu'une brute, il doit vivre en brute et mourir en brute. La réforme qu'ils préconisent à grands cris est la réforme de la brute; la félicité qu'ils promettent avec ce tapage assourdissant d'agitations est la félicité de la brute; la société de l'avenir qu'ils dépeignent sous de brillantes couleurs est la société des brutes. Nous le répétons avec le Roi-Prophète : « L'homme, fait à l'image et à la ressemblance de son Créateur, n'a pas compris ce grand honneur. Il s'est égalé, dans sa pensée, à l'animal sans raison, il s'est dit l'égal des brutes, et dans sa vie, et dans ses œuvres, il s'est fait leur semblable. » Nous n'exagérons rien. Les réformateurs modernes nient la création historique de l'homme, pour s'attacher à la fable d'un état sauvage ou bestial primitif; ils rejettent l'anoblissement surnaturel de l'homme, pour le remplacer par l'idée fabuleuse d'un perfectionnement continu. Ils le déclarent souverain indépendant de toute autorité spirituelle extrinsèque, alors qu'il est dans son intelligence sujet de Dieu qui est la vérité par essence; ils affirment la liberté de conscience, tandis que l'homme est dans sa volonté sujet de Dieu comme ordonnateur suprême. L'intelligence et la volonté se trouvant corrompus de la sorte, ils déclarent que l'homme est né pour être heureux ici-bas dans l'abrutissement! Mais, comment faire accepter de pareilles doctrines si profondément répugnantes? Il fallait pour y arriver préparer le terrain, en y déracinant l'autorité de l'Église qui est le représentant visible de la divinité dans le monde. Aussi les communistes s'y sont-ils employés avec acharnement. Ils ont fait une guerre implacable, satanique à ses doctrines, à son culte, à sa constitution divine. Tout cela cependant n'eût pas suffi encore, vu l'énormité des doctrines communistes, s'ils n'avaient pas préparé les esprits à les accueillir. Ils y sont parvenus en caressant l'orgueil, en proclamant son indépendance souveraine, en flattant ses passions, par l'affirmation de la liberté de conscience. Il s'est fait alors que l'homme, aveuglé par l'orgueil et par la passion, n'a plus compris la noblesse de sa nature et la sublimité de sa destinée, qu'il s'est fait semblable à la bête, menant un vie et prenant des mœurs animales. La *grande charte* qui l'attend, si le communisme réussissait jamais à s'établir dans un pays, mettrait le comble à cet avilissement. Car, en l'enserrant dans les entraves d'un esclavage sans égal, il l'y retiendrait par le despotisme le plus cruel et le plus insolent qui ait jamais existé.

Tel est le développement théorique de la doctrine communiste, tel serait le résultat de son application pratique.

CHAPITRE VI

VALEUR MENSONGÈRE ATTRIBUÉE PAR LE SOCIALISME AU PRINCIPE D'ÉGALITÉ

Nous avons vu jusqu'ici quel est le statut fondamental du communisme tel qu'il ressort des doctrines enseignées par les maîtres de la secte socialiste ou communiste. Après avoir pesé sa valeur nous sommes en droit de dire à ceux qui les écoutent : Rougissez, vous et vos maîtres. « Voilà les dieux que vous adorez. » Cependant, ne soyez pas trop prompts à croire que la cause de la vérité soit définitivement gagnée. Les socialistes ont leur réponse toute prête : — Si Saint-Simon, disent-ils, si Fourier, si Cabet, si Louis Blanc et leurs pareils ont défendu et préconisé les doctrines que vous avez exposées, c'est leur affaire. Ils n'ont pas donné la vraie solution du problème social, et par suite ils se sont trompés, en voulant établir des systèmes qui devaient fatalement échouer. Le fait est qu'au fond du socialisme, il y a une vérité pratique incontestable (1). Que si jusqu'à cette heure on n'a pas encore trouvé la forme dans laquelle il faut l'incarner, il y aura, dans l'avenir, des génies qui ne manqueront pas de la découvrir. Cette vérité pratique incontestable c'est le principe de l'*égalité* qui doit cependant, à la fin, être réalisé au sein de la société humaine, non seulement en droit, mais en fait. Voici à ce sujet le raisonnement qu'ils nous offrent, pour appuyer leurs dires : « Les hommes sont tous *égaux*, par nature. Pourquoi faut-il que, par la suite, ils soient *inégaux en fait* au sein de la société? Cette inégalité est un outrage à la nature commune, une injustice continue qui pèse sur la majeure partie des hommes. Cette situation coupable doit donc disparaître à tout prix, et pour y arriver c'est la racine de l'arbre qu'il faut entamer. Or, il est notoire que la cause de ce mal est la propriété individuelle. C'est donc elle qu'il faut abattre, et quand nous l'aurons supprimée, mettre à sa place le communisme qui effacera toutes les inégalités. »

Il est manifeste, par conséquent, que les communistes ne se contentent pas du tout de l'égalité en droit; ils réclament encore l'égalité en fait. « Croire, écrit à ce sujet Pierre Leroux, qu'il suffit d'introduire l'égalité dans le code pénal, qu'il suffit de l'introduire dans le code civil et de la pratiquer dans l'ordre politique, c'est folie. L'égalité est une idée, une croyance qui a déjà amené certaines conséquences, et qui

(1) Les orateurs de la démocratie nouvelle disent eux aussi que le socialisme a du bon. A. O.

pourra en amener bien d'autres (1). La valeur de l'égalité humaine est-elle donc telle qu'outre l'*égalité en droit*, elle entraîne après elle l'*égalité en fait?* Toute la question est là. Nous allons la résoudre.

En quoi consiste, à proprement parler, l'égalité des hommes? Étudiez-la tant que vous voudrez, la conclusion sera toujours celle-ci : les hommes sont égaux dans les caractères essentiels de l'humanité, ils sont égaux en tant qu'animaux doués de raison, en d'autres termes, ils sont égaux au point de vue abstrait, universel. Sous ce rapport, oui l'égalité serait parfaite, et devrait être maintenue telle à tout prix : car dans ce cas, une multitude quelconque d'hommes serait composée de l'humanité simplement multipliée. Mais nous ne sommes pas dans cette condition; nous avons devant nous l'homme au concret, nous avons une multitude d'hommes individuels. C'est sous cet aspect que nous devons la considérer. Dites-nous donc, de grâce, où trouvez-vous parmi eux l'égalité parfaite? Nulle part : l'inégalité y apparaît sous toutes les formes : inégalité dans les forces physiques, inégalité dans les forces morales, inégalité au point de vue de l'esprit, des aptitudes, des tendances, des besoins, des capacités, des relations. D'où proviennent toutes ces diversités ou inégalités individuelles? Qui ne le sait? De la même nature qui a formé le concept générique de l'homme. Donc, nous nous trouvons, à la vérité, en face de l'égalité au point de vue du caractère essentiel, avec une addition survenue, chez chacun des hommes envisagés au concret comme individus. Or, c'est là ce qui constitue leur inégalité. Mais voici, dès lors, la question qui se pose immédiatement : quel est l'homme qui se trouve d'accord avec la nature quand il s'agit d'établir les droits de l'homme au concret : ou de celui qui tient compte de cette inégalité individuelle créée par la nature elle-même, ou de celui qui

(1) De l'égalité, p. 58.

néglige cette dernière pour s'attacher uniquement à l'idée abstraite? La solution se présente d'elle-même. Le communiste qui sans avoir cure des inégalités individuelles s'écrie : tous les hommes sont égaux par nature, et doivent demeurer tels au sein de la société, a manifestement tort. Les hommes destinés à entrer dans une organisation sociale, ne sont pas des hommes au sens abstrait, mais au concret; or, les hommes, au concret, ne sont pas naturellement égaux, mais inégaux. Il suit de là que le principe de l'égalité que le socialisme nous donne comme une vérité inattaquable n'est que le résultat d'une grave erreur qui transforme l'abstrait en concret, l'espèce en individu. En effet, qui ne voit qu'autre chose est de dire : *tous les hommes sont égaux par nature*, en d'autres termes *tous les hommes sont également des hommes* et autre chose de prétendre que *tous les hommes sont égaux par nature*, c'est-à-dire *également grands*, *également forts*, *également instruits*, *énergiques*, *industrieux*, *etc.*

Mais, si l'erreur est à la base, la fabrique sociale devra fatalement y correspondre. Elle ne saurait produire qu'un désordre universel. En veut-on la preuve? Prenons certaines lois que devraient nécessairement établir ceux qui voudraient organiser, d'après ce principe, une société quelconque. Ils devraient ordonner tout d'abord que tous les produits matériels des associés soient mis à la disposition de l'État, pour que celui-ci les répartisse d'après l'intérêt commun. Sans quoi, il y aurait une distinction entre ceux qui ont et ceux qui n'ont pas; inégalité qui au nom du principe en question doit être totalement supprimée : *première loi* fondamentale. Mais, pour faire que ces produits n'abondent pas en certains endroits tandis que d'autres n'en auraient pas assez, il faudrait que l'État prenne en main *la direction de la production elle-même : seconde loi* nécessaire. Mais comment l'État pourrait-il la prendre en main, sans avoir la faculté d'organiser, à son gré, les producteurs eux-mêmes?

De là, la nécessité d'assigner à chacun son travail, et de s'assurer que tous font le travail assigné, et non pas un travail à leur fantaisie. De là l'organisation du *travail en commun*, comme moyen efficace d'atteindre ce but : *troisième loi* à établir. Les associés pourraient avoir le soupçon que certains par une économie avide et spoliatrice s'approprieraient quelque chose appartenant à la communauté. De là pour étouffer cette préoccupation sinistre, source de misères pour la communauté, il n'y aurait d'autre expédient que celui d'ordonner que tous se nourrissent en commun, ou *consomment en commun*. Mais voilà *la famille* du foyer domestique traînée sur la place publique : *quatrième loi* inévitable. Ce n'est pas assez. Pourquoi laisser subsister la famille?

Tout le monde sait combien est grande l'affection de la mère et du père pour leurs enfants, et combien grande est chez eux la crainte qu'il manque quelque chose à leur bien-être. Il s'ensuit que tous deux se mettant d'accord pour obvier au mal qu'ils redoutent pourraient prendre des mesures offensantes pour la communauté. Donc conserver la famille équivaudrait à maintenir en permanence un foyer de conspirations contre la société communiste, et s'exposer par conséquent au danger de voir bientôt, sous les noms fallacieux de liberté, d'émulation, d'économie, d'affection conjugale, paternelle, maternelle et filiale, surgir peu à peu la concurrence, l'épargne, la jalousie, le favoritisme, et finalement la préférence de soi et des siens aux autres. Mais ce serait là l'*individualisme* géant, le *familialisme* qui finiraient par causer la ruine de la communauté. Donc, *cinquième loi* : abolition de la famille, avec toutes les turpitudes qui en seraient la conséquence. Est-ce tout? Non certes! Parmi les individus, il y a des tendances diverses, des façons différentes de considérer et d'apprécier les choses.

Or, il pourrait se faire qu'au sein de la communauté

même, se produiraient des individus ayant des pensées et des sentiments contraires à la communauté, et qu'en guise d'épidémie ils les communiquassent à d'autres. Un moyen à peu près infaillible se présente pour obvier à un pareil danger; c'est d'élever tous les enfants de la communauté dans des pensées et des sentiments conformes à celle-ci : de là la nécessité absolue de l'*éducation commune* sous des maîtres de principes éprouvés et d'un attachement connu pour la vie communiste. De là une autre loi encore. Car le communisme portant ses regards plus haut doit harmoniser *la religion* avec sa théorie. Il ne saurait être question de la religion catholique ni d'aucune secte qui défend le droit de la propriété individuelle. Toutes ces religions doivent être mises à perpétuité au ban de la société. Malheur à celui qui oserait les rappeler où en prononcer le nom, si ce n'est pour les maudire et les blasphémer! En outre, s'il était jugé opportun d'avoir une religion quelconque, celle-ci devrait être *commune*. Les sectes, les hérésies, les différentes communions, les opinions divergentes sur ce point, tout sera, par conséquent, sévèrement interdit. De là *la sixième loi* de l'éducation commune sans religion ou avec la religion socialiste ou communiste. Mais, comme cet immense travail ne saurait être conduit à son terme, sans que certains individus estiment avoir le droit de blâmer les ordres qu'ils reçoivent, l'État accomplira son devoir, en les convertissant, ou s'il n'y réussit pas en les exterminant du sein de la société, *septième loi* pour l'extermination des dissidents.

Telles sont les lois qui jaillissent du principe d'égalité comme de leur source. Et dans l'hypothèse que ce principe soit une vérité pratique incontestable, il en résulte logiquement encore pour tous les hommes l'obligation de se mettre en société sous le régime de ces lois. Rapprochons à présent une société organisée de la sorte, de celle dont les maîtres en fait de socialisme et de communisme ont tracé dans la *Grande charte*, et nous constaterons, sans contredit, que l'organisation des deux sociétés s'accorde à merveille. Il n'est donc pas vrai que ces maîtres, en appliquant le principe de l'égalité à la société, aient mal raisonné, et en aient tiré des déductions fausses. En effet, l'omnipotence de l'État sur les individus et sur les choses, la direction de la production et des producteurs, la communauté du travail, de la table, de l'éducation, la religion commune et l'abolition de la famille voulus et établis par eux comme base sociale, ne sont autre chose que des lois qui ressortent du principe de l'égalité, celui-ci pour conclure, considéré en lui-même est le produit d'une grave erreur; appliqué à la société, il est le principe générateur de la *Grande charte* socialiste.

Appliquons à présent ce même principe aux individus. Si nous l'admettons dans toute sa rigueur logique, il s'en suivra que, pareil à une faux égalisatrice, il passera sur toutes les inégalités naturelles, et que tous les individus réunis en communauté, qu'ils le veuillent ou non, seront égalisés. Tous, par conséquent, seront couchés sur la mesure commune comme sur le lit de Procuste; tous doivent endosser la même camisole de force, et s'y adapter parfaitement. Malheur à celui qui dépasse la mesure, il sera raccourci du superflu! Malheur à celui qui est d'une stature inférieure, il sera torturé, jusqu'à ce qu'il arrive à la mesure de l'égalité. Les hommes sont tous égaux par nature; il n'y a rien à voir au delà. L'inégalité des intelligences, des forces, de l'énergie morale doit à tout prix disparaître, sous la loi de fer de ce principe follement et criminellement compris. Imagine-t-on une offense plus violente faite à la nature? Est-il possible, ajoutons-nous, de commettre une injustice plus cruelle à l'égard des hommes?

Du général, passons au particulier. La *liberté* individuelle est la première et misérable victime du principe de l'égalité. Le premier pas que fait l'individu dans le cercle de l'égalité est marqué par cette noble offrande faite au Moloch de la communauté. Sa liberté n'est plus à lui, elle est entièrement à l'État. Désire-t-il tel ou tel aliment? Il ne lui est plus loisible de se le donner. A-t-il de la répugnance à apprendre le métier qu'on lui assigne, désire-t-il avoir d'autres compagnons de travail, changer de place, d'habitation? C'est inutile. Le règlement de l'État, par rapport à tout cela, est fixé; il doit être observé de tous points. Si la fatigue l'accable, s'il a besoin de repos, il n'est pas libre d'interrompre son travail. S'il arrive un peu tard à l'atelier, il faut qu'il rende un compte minutieux de son retard au surveillant; s'il s'écarte un peu du groupe des travailleurs auquel il est attaché, voilà l'argousin de l'État qui le presse de retourner à son poste. En somme, il ne peut faire un pas sans l'autorisation de l'État; il ne peut s'occuper que de ce que lui impose l'État; il ne peut, malgré l'extrême licence des mœurs, se donner aucune récréation qui ne soit pas conforme au règlement de l'État. Il est, comme le disent les maîtres du communisme et du socialisme, un *homme public (le travail est véritablement pour lui une fonction sociale, comme l'a nommé le comte de Mun et, après lui, l'abbé Naudet, rédacteur en chef du journal* LE MONDE !), et, comme tel, il est obligé de s'accommoder en tout et pour tout aux volontés de l'autorité publique. Voilà la belle liberté, la belle indépendance dont on jouit dans une pareille société!

Avec la liberté, toute *personnalité* se trouve inexorablement écrasée. Les différentes tendances et les aptitudes particulières développées avec l'âge sont précisément ce qui constitue, ce qui manifeste le caractère personnel de chaque individu. Or, rien de tout cela ne se voit dans la vie communiste. Les plus belles aptitudes y sont frappées de stérilité, dès qu'elles se font jour, les tendances les plus naturelles y sont fauchées à leur apparition. La loi de fer de l'égalité y tue les uns et les autres dans leur développement. Le génie subit les entraves de l'école commune. Une tendance scientifique est autorisée à s'épanouir d'autant, et pas au delà, une aptitude particulière pourra être cultivée dans une certaine mesure, et pas plus. Il ne saurait être question ni d'affection, ni de tendresse domestique : ces affections, au sein de la société égalitaire, sont muettes, ce sont des affections inconnues. Le noble sentiment de l'émulation qui porte un jeune homme à s'élever au-dessus de ses égaux est réprimée; réprimée également la tendance de l'âge viril à se créer une condition économique toute personnelle, réprimé encore le moyen très naturel de se procurer une indépendance raisonnable. L'égalité pourrait souffrir du développement de toute aptitude, de la satisfaction de toute tendance, de toute affection, de tout mouvement, de tout élan, et, par conséquent, tout ce qui, sous ces différents rapports, dépasse la mesure commune doit être banni à tout jamais. Il en résulte que de même que tous doivent se soumettre également aux ordres de l'État, sous le rapport de leur collocation dans tel ou tel groupe d'arts et de métiers, tous doivent pareillement recevoir la même éducation, la même instruction. La société organisée d'après le principe inattaquable de l'égalité ne saurait être le pays des inégalités.

Une fois la liberté détruite, et tout indice de personnalité perdu, que reste-t-il de l'*individu?* Songez donc que, dans notre cas, c'est l'État seul qui enseigne, prêche, réprime; que dans la société il est l'agriculteur en chef, l'industriel en chef, le professeur universel, le prêtre suprême, l'âme de tous, le moteur de la force. Songez, en un mot, qu'il est tout. Que peut-il donc rester des individus? Rien! Tous sont également absorbés par l'État. La définition du communisme ou du socialisme qui a pour base sociale le principe d'égalité ne saurait donc être que *l'absorption de l'individu et de tout ce qui lui appartient par l'État*. Mais, « les communistes, écrivait M. Proudhon, sont des huîtres attachées côte à côte, sans activité, ni sentiment sur le rocher de la fraternité. Le communisme aurait besoin pour subsister de supprimer tant de mots, d'éliminer tant d'idées, de fouler aux pieds tant de faits que les hommes formés par lui en seraient à n'avoir plus besoin ni de parler, ni de penser, ni d'agir par eux-mêmes (1). »

Pour notre part, nous dirons, pour conclure : Voilà ce que vaut le principe de l'égalité socialiste, générateur de la *grande charte* communiste : il viole les droits de l'humanité, détruit la liberté individuelle, et écrase la personnalité qu'il jette en proie à l'être suprême de l'État.

CHAPITRE VII

LE PRINCIPE DE L'ÉGALITÉ CONDUIT-IL AU BUT PROPOSÉ?

Les socialistes et les communistes s'écrient en chœur : la forme sociale qui a gouverné et qui gouverne encore à cette heure le monde est souverainement inique à cause des nombreuses inégalités qu'on y rencontre; il faut donc la renverser. La nôtre, au contraire, qui est basée sur l'égalité, est souverainement équitable. Donc, il faut la mettre à la place de la première. Mais, cette opération faite, l'injustice serait-elle réparée comme on nous le promet? Nullement. Si le bouleversement en question était un jour opéré le monde ne serait plus qu'un foyer des plus graves injustices. Essayons de le faire voir.

Prenez au hasard deux individus. Considérez-les au dedans

(1) *Système des contradictions économiques*, t. II, p. 323, 361, Dict. de l'Économie polit., *Communisme.*

et au dehors. Comparez-les dans leurs intelligences et dans leurs aptitudes, dans leurs tendances, dans leurs forces, pesez leur valeur physique et leur valeur morale. Vous les trouverez égaux en un seul point, celui de la liberté, et inégaux pour tout le reste. La liberté est la même chez tous, elle a chez tous les mêmes droits; elle est une propriété naturelle d'égale valeur chez tous les individus et chez chacun d'entre eux. L'intelligence, l'aptitude, les tendances, les forces proviennent, à la vérité, de la nature, mais dans une mesure différente en quantité, et en valeur différentes. En un mot, il y a égalité parfaite en fait de liberté, il n'y en a pas pour le reste. Or, le socialiste et le communiste que fait-il pour ôter l'injustice du monde? Il opprime complètement la liberté que la nature a faite égale chez tous, comme nous l'avons vu au chapitre précédent, et il égalise toutes les autres propriétés inégales chez tous les individus; en d'autres termes, il supprime évidemment l'égalité là où elle est et la place là où elle n'est pas. Ce procédé amène trois injustices : 1° On dénie aux propriétés individuelles supérieures d'un ou de plusieurs degrés à celles des autres individus la faculté d'expansion qui leur serait due; 2° On accorde, par contre, aux propriétés individuelles d'un degré inférieures d'être indûment égalisées aux propriétés supérieures; 3° On supprime la liberté qui est due à tous les individus. L'offense grave qui est faite ici à l'adage de la justice : *Cuique suum*, à chacun le sien on le voit, on le touche du doigt. Il n'en était pas ainsi sous la forme sociale ancienne et actuelle. Elle met l'égalité là où elle doit être, de par la nature, c'est-à-dire dans la liberté. De là cette sage observation de M. Cousin que nous n'avons pas souvent le plaisir de pouvoir louer : « Dans la société primitive, tous les hommes sont nécessairement inégaux en ce qui concerne leurs besoins, leurs sentiments, leurs facultés physiques, intellectuelles et morales : mais devant l'État qui considère les hommes comme autant de personnes libres, ils sont tous égaux, vu que la liberté apparaît toujours égale à elle-même, le type unique et la seule mesure de l'égalité. Celle-ci, en dehors de la liberté, ne se montre pas autrement chez l'homme que sous la forme d'une ressemblance, ce qui revient à dire d'une diversité (1). »

Et ce n'est pas sous ce rapport seulement que le communiste moissonne l'injustice, après avoir prétendu semer l'équité, basé sur le principe que celui qui a plus reçu de la nature doit aussi donner plus aux autres hommes ses frères, il établit comme règle fixe d'égalité que tout individu est redevable de tout son temps et de tout son travail à la société, et que la société doit lui donner en échange tout ce qui lui est nécessaire à la satisfaction de ses besoins, pour autant que le lui permet le fonds social dont elle peut disposer. L'école communiste s'imagine avoir arraché ainsi du sein de la société une mauvaise racine d'inégalité sociale, c'est-à-dire une iniquité, mais elle se trompe. L'école de la saine raison au contraire lui reproche d'ouvrir par là une source d'iniquités perpétuelles. Que dit, en effet, la notion la plus simple de la justice? Elle dit que le droit à la rétribution doit correspondre à la valeur de l'ouvrage accompli. Donc l'ouvrier qui travaille plus et mieux a droit à une rétribution plus considérable et meilleure, tandis que l'ouvrier qui donne un travail moindre et moins bon est remunéré d'après la mesure de celui-ci. Le communiste ne pense pas ainsi. Le droit à la rétribution ne dépend pas, d'après lui, de la valeur du travail, mais de l'étendue des besoins de chaque individu, de sorte que celui qui, à l'heure de la rétribution, se trouve avoir plus de besoins a plus de droit que celui qui en a moins. Peu importe que l'ouvrier qui a des besoins moindres se montre, tout le jour, diligent, industrieux, laborieux, et que celui qui en a plus soit négligent, paresseux, gâte-métier. Celui qui a moins de besoins a droit à une

(1) Cousin. Introd. à l'*Histoire de la philosophie*, leçon 1.

rétribution moindre et celui qui en a plus à une rétribution plus considérable. En un mot : le communiste bouleverse tout : la rétribution due en justice à la valeur du travail, est due d'après lui à l'étendue des besoins. Il méconnaît donc le vrai titre du droit au salaire, tout comme il a méconnu en quoi consiste la vraie égalité (1).

Nous sommes frères! s'écrie-t-il. Donc celui qui a plus reçu de la nature doit aussi donner plus! Conclusion absurde!

Que veut dire être frères? Uniquement que nous avons la même nature, que nous sommes égaux au point de vue de la nature. Or, la justice rigoureuse consiste en ceci : que les parties soient égales entre elles.

Mais elles le sont en nous au point de vue de l'égalité naturelle. Donc à ce point de vue je ne vous dois rien, comme vous ne me devez rien. Donc venir prétendre, au nom de la justice, que je dois mettre à votre service l'activité et l'aptitude en lesquelles je vous suis supérieur, uniquement parce que nous sommes frères, c'est ériger en principe une iniquité colossale. De là une autre conclusion inévitable, à savoir : que ce principe rendrait la communauté impossible. L'anarchiste Proudhon écrit à ce propos :

« Que mes amis communistes me le pardonnent!... supposer que le travailleur de haute capacité pourra se contenter en faveur des petits de la moitié de son salaire, fournir gratuitement ses services, et produire, comme dit le peuple, pour *le roi de Prusse*, c'est-à-dire pour cette abstraction qui se nomme la société, le souverain ou mes frères, c'est fonder la société sur un sentiment, je ne dis pas inaccessible à l'homme, mais qui, érigé systématiquement en principe, n'est qu'une fausse vertu, une hypocrisie dangereuse. La charité nous est commandée comme réparation des infirmités

(1) Nous ne saurions nous empêcher d'inviter les utopistes modernes à méditer cette page de l'éminent théologien-économiste, et à y répondre s'ils le peuvent. A. O.

qui affligent par accident nos semblables, et je conçois que, sous ce point de vue, la charité puisse être organisée... mais la charité prise pour instrument d'égalité et loi d'équibre serait la dissolution de la société...

« Fraternité! Frères tant qu'il vous plaira, pourvu que je sois le grand frère et vous le petit; pourvu que la société, notre mère commune, honore ma progéniture et mes services en doublant ma portion. — Vous pourvoirez à mes besoins, dites-vous, dans la mesure de vos ressources; j'entends au contraire que ce soit dans la mesure de mon travail; sinon je cesse de travailler... Vous me répondrez : dévouement! je nie le dévouement, c'est du mysticisme. Parlez-moi de *doit* et *d'avoir*, seul criterium, à mes yeux, du juste et de l'injuste, du bien et du mal dans la société. *A chacun selon ses œuvres*, d'abord; et si, à l'occasion, je suis entraîné à vous secourir, je le ferai de bonne grâce, mais je ne veux pas être contraint. Me contraindre au dévouement, c'est m'assassiner (1). »

La réponse est un peu brutale, mais elle est topique. Passant ensuite de la théorie à la pratique, le communiste trouve dans la société bien d'autres injustices à déplorer. Jetant un regard sur le monde en général, il jette ses plaintes au vent, en s'écriant que la société actuelle est basée sur le vol, que le vol lui sert de règle et de ligne de conduite. Il visite les villes et se plaint de la prostitution qui s'étend; il s'élève contre l'injustice sociale dans la répartition des biens dont le résultat est que certains vivent dans l'opulence, corrompent et séduisent, l'or à la main, tandis que d'autres victimes du besoin deviennent la proie du vice. Il considère les familles, et ses yeux sont frappés d'un triste spectacle. Beaucoup nagent dans l'abondance, s'y engraissent et y croupissent sans autre mérite que celui d'être nés au sein d'une famille riche, tandis que la plupart sont épuisés par

(1) *Système des contradictions économiques*, t. I, p. 246-248.

le travail et la misère, sans autre faute de leur part que celle d'avoir eu pour berceau la pauvre demeure d'un ouvrier. Ce spectacle les irrite, les porte à maudire l'injustice de la société qui supporte et défend une infamie pareille. Eh bien, après toutes ces plaintes et toutes ces malédictions contre de si graves injustices de la société, comme il les appelle d'ordinaire, que fait le communiste pour les extirper du monde? Il rédige une charte réformatrice basée sur le principe de l'égalité, dans laquelle, pour supprimer le vol, il décrète la spoliation universelle qui doit s'effectuer plus ou moins rapidement selon les circonstances. C'est là la base de sa nouvelle organisation sociale. Pour supprimer la prostitution de quelques victimes de la séduction, il abolit la famille, et établit la liberté légale de l'amour, et, par elle, la prostitution universelle. Pour bannir la fortune issue de la naissance, il déclare que pour avoir le droit de jouir à proportion de ses besoins, il ne faut pas autre chose sinon d'être né au sein de la société humaine.

Il accuse enfin la société de faire des prolétaires autant d'esclaves et d'exploiter leurs forces avec la barbarie des maîtres d'autrefois, et voici qu'en vertu de son statut, il fait peser sur tous les hommes un joug plus inique que l'esclavage païen, et les livre comme un troupeau de bétail à la merci de l'État. Tout cela au nom de son principe de l'égalité. Là se terminent les grandes réformes sociales du communisme. Il promet la suppression totale de l'injustice, et il établit au contraire celle-ci, il la développe en guise d'un principe inattaquable supérieur à tous les rapports sociaux établis par la nature. Il est vrai de dire pourtant que, si le plan de ces réformateurs est très préjudiciable à la société, il ne l'est pas pour eux-mêmes. Proudhon qui les connaissait bien l'a dit, avec sa verve ordinaire :

« Si j'interroge les divers entrepreneurs de réformes, sur les moyens dont ils se proposent de faire usage, pour la réalisation de leurs utopies, tous vont me répondre, dans une synthèse unanime : Pour régénérer la société et organiser le travail, il faut remettre aux hommes qui possèdent la science de cette organisation la fortune et l'autorité publique. Sur ce dogme essentiel, tout le monde est d'accord... Inégalité dans le partage des biens, inégalité dans le partage des amours, voilà ce que veulent ces réformateurs hypocrites à qui la justice, la raison, la science ne sont rien, pourvu qu'ils commandent aux autres et qu'ils jouissent. Ce sont, en tout, des partisans déguisés de la propriété; ils commencent par prêcher le communisme, puis ils confisquent la communauté au profit de leur ventre (1). » Prondhon a raison, ç'a toujours été, ce sera toujours là qu'iront aboutir ces réformateurs.

CHAPITRE VIII

FAUSSETÉ DES BÉATITUDES PROMISES AU SEIN DU COMMUNISME

Les défenseurs du communisme nous décrivent et nous chantent des merveilles par rapport aux avantages économiques dont la vie de communauté serait la source. A les entendre, ce serait l'aisance, l'abondance, une vie de délices. Heureux le pays qui se déciderait à l'établir chez lui! Plus de cherté, plus de pauvreté, plus de paupérisme. Ces fléaux de l'humanité auraient disparu pour toujours, et un Éden de paix et de bonheur s'y épanouirait à jamais. Ce serait bien autre chose que les temps fortunés de l'âge d'or. Le communisme s'élèverait si haut, en fait de civilisation, de délices,

(1) PROUDHON. *Système*, etc., p. 347 et 351, Paris, 8°, 1846.

et de sécurité que la simple comparaison ferait rougir. Le tableau, on le voit, est splendide et le groupe de béatitudes qui y est dépeint est d'un attrait souverain. Il ne lui manque, par malheur, qu'une chose... la vérité. Tout ce qu'on nous dit à ce sujet n'est que l'effet d'une imagination en délire, se forgeant un avenir irréalisable. Il pourrait fort bien arriver qu'un peuple illusionné par la magnificence de ce tableau parvînt à établir le communisme sur un monceau de ruines et de cadavres; mais il apercevrait bientôt que cette forme sociale ne réalise nullement le règne de l'abondance, mais bien celui de la misère. Il constaterait que les maîtres, en fait de communisme et de socialisme, n'atteignent pas du tout leur but : d'abolir toute injustice dans le monde, en y introduisant le principe de l'égalité; ils verraient que cette abondance, qui doit être le fruit de la mise en pratique du *collectivisme*, n'est qu'un leurre, une déception, un mensonge inventé par d'indignes charlatans.

Et en effet : abondance, aisance, richesse sont à peu près des synonymes. Ils signifient tous : possession abondante de tous les moyens qui servent à satisfaire largement les besoins de l'homme. Mais on n'arrive pas à une possession pareille en demeurant les bras croisés. Il faut, pour cela, du travail et un travail énergique de la part de l'individu. Il peut parfaitement se faire qu'en dépit de toute l'énergie déployée au travail, on ne parvienne pas à un état d'aisance; mais nul n'y parviendra jamais, si ce n'est par la voie ordinaire du travail. Et il ne suffit pas même de travailler pendant un certain temps donné : il faut travailler sans cesse. Car la consommation des produits accumulés étant incessante, le travail destiné à en réparer les pertes doit être pareillement incessant. Il y aura donc richesse abondance aisance dans cette demeure, dans cette ville, dans ce pays où le travail est énergique et constant : et, au contraire, il y aura pauvreté et misère là où le travail est rare et frappé d'inertie. » Mon fils, disait le sage, si tu demeures les bras croisés, et que tu te relâches de ton travail, le besoin sera à demeure chez toi, et la misère t'opprimera menaçante comme un guerrier armé; si au contraire tu es travailleur, l'abondance affluera dans tes greniers, et la misère fuira loin de toi (1). »

Ceci posé, la question économique, dans notre cas, se réduit à ces termes fort simples : au sein de la forme sociale du communisme, y a-t-il énergie et constance dans le travail, ou bien ralentissement et énergie? Nous répondons, pour notre part, que si le système était mis à l'épreuve ce serait la seconde partie de la disjonctive qui se vérifierait, et nous concluons, sans plus, que le communisme est le règne de la misère.

Voici nos raisons :

Le travail énergique et constant, générateur ordinaire de l'aisance, réclame beaucoup de fatigue. L'homme, d'autre part, n'aime naturellement pas à la prendre sur lui. Baigner de ses sueurs le champ qu'il cultive, passer toute la journée dans une usine, et y fatiguer ses bras, sont pour lui un fardeau dont il aimerait à se débarrasser. Il faut donc pour l'engager à le subir des motifs puissants qui l'y sollicitent continuellement, et l'y retiennent inébranlable. Le premier est le besoin journalier des choses nécessaires à la vie. C'est pour cela que l'artisan s'occupe tout le jour de son art, que le paysan travaille dans les champs et l'ouvrier à l'usine. Sans travailler, on ne mange pas et l'on ne vit pas. Voilà, on le sait, la pensée qui le ramène chaque matin à la besogne qu'il faisait le jour précédent. Or, ce stimulant si efficace n'existe pas dans la vie communiste, ou perd beaucoup de sa force. Il n'existe pas dans le système de Fourier ni dans d'autres semblables dans lesquels la seule entrée dans la

(1) Paululum conseres manus, ut dormias, et veniet tibi quasi viator, egestas, et pauperies quasi vir armatus, si vero impiger fueris veniet ut fons messis tua, et egestas longe fugiet a te. (PROV. VI. 10. 11.)

communauté et la demeure qu'on y fait donne droit a être entretenu. Il perd beaucoup de sa force dans tous les systèmes communistes pris en général. La confiance qu'on a de pouvoir vivre aux dépens d'autrui est, pour beaucoup, une terrible tentation de se soustraire, sous différents prétextes, à la dure loi du travail. Le stimulant à reprendre chaque jour les fatigues interrompues faisant défaut, figurez-vous, si vous le pouvez, l'immense quantité de forces qui demeureraient inertes, sans rien produire. Quand la charité légale eut été substituée en Angletererre à la charité privée, et qu'on eut imposé à cet effet une taxe en faveur des pauvres, on ne saurait croire combien le nombre de ceux qui demandent à y participer s'est accru en peu d'années. La facilité de pouvoir vivre aux dépens d'autrui, avec quelque apparence de droit, a été la cause de cet accroissement. Aussi lord Castelreagh a-t-il pu prononcer, en 1817, au parlement anglais, ces graves paroles à ce sujet : « Le système qui est actuellement en usage a pour conséquence de créer constamment des charges nouvelles que le pays ne sait pas supporter; mais en outre il détruit la vraie richesse du pauvre, je veux dire le stimulant puissant à se procurer de quoi vivre par ses propres efforts. Et si l'on continue à marcher dans la même voie, en donnant à une partie de la population qui n'est guère cultivée, le moyen d'échapper au travail, une grande calamnité nationale doit s'en suivre (1). »

Or, si dans un pays où le droit de propriété était en vigueur, où c'était un déshonneur de vivre d'aumônes sans nécessité, où la coutume de l'intérêt privé excitaient au travail, si dans ce pays-là les indigents, ou ceux qui, sous différents prétextes, cherchaient à échapper au travail, pour vivre dans l'inertie aux dépens du public, se sont multipliés à ce point, et cela à l'occasion d'une simple loi qui semblait leur donner

(1) Cf. Nichols. *Histoire de la loi des pauvres*, t. II, pp. 180 et 221 (en anglais).

un certain droit, jugez ce qui devra se passer dans une société communiste. Là cette race d'hommes se multipliera outre mesure, puisque la loi lui ordonnera de mettre en commun tous les fruits de la production, puisque le droit d'y participer selon le besoin sera le même pour l'ouvrier laborieux et pour l'ouvrier inerte. L'inertie, pareille à la gangrène, se développera de jour en jour, la production diminuera dans la même proportion, et la misère redoutée par lord Castelreagh pour l'Angleterre sera infailliblement le sort de la société communiste.

Qui ne sait l'influence qu'exerce l'intérêt individuel sur l'énergie et la constance du travail? Il en est l'âme. Plus je travaille, et plus est considérable l'utilité que j'en retire. Plus je saurai bien mon métier, et plus sera grand le profit que j'en retirerai; plus le travail qui sort de mes mains sera parfait, et mieux je serai rétribué; plus mes gains seront grands, plus les capitaux que j'accumulerai par mon industrie dans les limites de la justice seront considérables, plus il me sera aisé de me créer une condition honorable, indépendante, aisée. Toutes ces formules expriment des pensées qui, comme autant de forces morales, sollicitent l'individu à un travail énergique et continuel. Que si l'issue en est favorable, c'est à peine s'il en sent le poids.

Tournons à présent nos regards vers la vie communiste. Les forces susdites n'y ont aucune valeur, il ne saurait en être question. Là, tout appartient à la communauté, rien à l'individu. La propriété est un délit qui doit être puni des peines les plus graves. Les formules que nous avons indiquées tantôt sont remplacées par celles-ci : Que je travaille avec plus ou moins d'énergie, mon gain à la fin du jour sera le même; que j'apporte plus ou moins de diligence à mon travail, j'aurai toujours à la fin le même profit. Faudra-t-il que je sue, que je m'échine, que je veille sur mon travail, pour qu'ensuite le produit en soit partagé, parmi les fainéants, les paresseux, les inertes? Jamais! Telles seront les pensées qui naturellement préoccuperont les communistes disposés à travailler. Ces pensées, au bout de peu de temps, suffiront pour énerver et abattre la volonté la plus énergique.

Mais quel sera le sort d'une communauté dont les membres ou ne travaillent pas, ou travaillent peu, ou travaillent sans énergie? La réponse ne saurait être douteuse : elle tombera infailliblement dans la misère.

Le communisme, en absorbant la famille dans l'État, comme nous l'avons vu ailleurs, l'anéantit complètement. Et voilà, par le fait même, un autre stimulant naturel au travail détruit pareillement. Un mari, un père, quels motifs d'énergie et de constance au travail ne puise-t-il pas dans sa condition? Un motif, c'est de savoir que sa femme et ses enfants ont le droit de vivre de son travail et de ses gains. Un motif, c'est la pensée qu'il y a pour lui obligation rigoureuse d'élever ses enfants et de leur procurer un état. Un motif, c'est l'affection qu'il porte naturellement à sa famille, et l'espoir d'un sort heureux pour sa vieillesse. Ces motifs impriment une énergie merveilleuse à son travail, et en même temps ils adoucissent les ennuis, et font que l'homme demeure inébranlable sous le fardeau d'un travail incessant. L'expérience de tous les jours constate cette assiduité au travail chez les pères de famille, et les conversations qu'ils tiennent en indiquent les motifs : si je n'avais pas une femme à entretenir, des enfants à placer, une maison à améliorer ou à conserver dans son ancien éclat, je ferais, je dépenserais. Le père de famille poussé de la sorte d'une part à la production, et retenu d'autre part dans la voie de la consommation arrive pour le moins à économiser ce qui est nécessaire à sa femme et à ses enfants qui ne sont que de simples consommateurs. Dans l'état communiste au contraire, rien de tout cela n'a lieu. La femme est à la charge de l'État, les enfants vivent aux frais de l'État, leur placement est affaire de l'État. Ni le devoir, ni l'affection ne peuvent donc rien sur le cœur du père. Il vivra et mourra sans connaître sa progéniture. De là chez lui cet adage souverainement égoïste : Si je suis content, tous sont contents; moi mort, tout est mort. Donc, il faudra porter au bilan du communisme la consommation des moyens de subsistance que fait la nouvelle progéniture, jusqu'à l'âge où elle sera mûre pour le travail, et zéro comme compensation de la part des parents. Nouvelle cause de ruine économique.

Au sein de la vie communiste, tous doivent être égaux non seulement devant la loi, mais encore en fait. A raison de ce principe, pour que nul ne s'élève un peu au-dessus des autres membres de la communauté, il y a à la tête un gouvernement qui règle tout, qui prescrit tout, en poids égal, en mesure égale pour tous; étude pour la jeunesse, autant; travail pour l'homme fait, autant; repos pour tous, autant; cette bande va aux champs; cette autre s'applique aux arts nécessaires; cette autre travaille dans une usine industrielle. La communauté doit faire sienne la volonté du gouvernement. Les individus soit isolés, soit en corps doivent se mouvoir ou se reposer, travailler ou se divertir au signal de celle-ci; attendu que l'ouvrier n'est rien, la volonté du gouvernement élu est tout. En d'autres termes : la liberté individuelle est totalement sacrifiée à l'idole de l'égalité de fait, comme nous l'avons vu précédemment. De là certains inconvénients fort graves dans l'ordre économique : 1° les individus, n'étant pas autorisés à choisir ce genre de travail mécanique ou intellectuel vers lequel ils se sentent inclinés par la nature, seront assez souvent appliqués à une occupation pour laquelle ils éprouvent de la répugnance. La conséquence sera : qu'on négligera d'apprendre le métier en question et qu'on l'exercera à contre-cœur. La production sera par conséquent de mauvaise qualité, et moins abondante qu'elle ne l'eût été dans le cas où le choix du métier eût été libre. 2° Les individus ne possédant rien et de plus devant se régler d'après les ordres d'autrui, il n'y aura plus de place pour l'initiative privée. Et cependant, un fait universellement connu, c'est la part considérable qu'a eue l'initiative privée soit dans les entreprises hardies qui ont si considérablement augmenté la puissance et la richesse de certains pays, soit dans l'application d'ingénieuses découvertes qui ont procuré à certaines familles d'immenses capitaux. Le Portugal, par exemple, a dû, en grande partie, à l'initiative privée sa puissance et sa richesse d'il y a trois siècles, l'Espagne ses vastes colonies d'outre-mer, les républiques de Venise, de Florence, de Gênes, la puissance et la richesse de leurs populations. 3° L'initiative privée se trouvant supprimée, celle des individus associés devient impossible. Inutile de parler des œuvres gigantesques que les individus organisés en société parviennent à accomplir au profit de l'industrie et de la civilisation. Elles se dressent partout devant nos regards. Or, cette puissance admirable de l'activité associée est entièrement perdue dans le système communiste. Le gouvernement pourra-t-il y suppléer par son action à lui? Impossible. Il est obligé de songer à tous les besoins sociaux, politiques, individuels, depuis l'enfant qui vient au monde, jusqu'au vieillard qui le quitte. En un mot les maux que causera à la production communiste le défaut de liberté individuelle sont incalculables.

Quoi de plus? L'organisation elle-même de la société communiste est un obstacle funeste à la production qui est la source de l'aisance sociale. Les principaux systèmes imaginés jusqu'à cette heure se réduisent tous à mettre aux mains de l'État représenté par une ou plusieurs personnes les capitaux et les individus de la communauté. L'État amasse les fruits de la production, les répartit et les emploie; l'État commande le travail, y applique les individus et pourvoit à leur entretien. En un mot, l'État est tout, et l'individu n'est plus qu'une force qui travaille sur un ordre de lui. Or, une société ainsi organisée que représente-t-elle? Rien si ce n'est un peuple composé de maîtres et d'esclaves, où les premiers possèdent, ordonnent, disposent, sont tout, et les seconds ne sont que des forces productrices, au gré d'autrui. Or, un fait plus que certain et équivalent à un principe, en matière économique, c'est que l'énergie au travail fait défaut là où il y a esclavage. Donc, l'organisation même de la société communiste est, de sa nature, un obstacle à l'aisance. Et puis, en fin de compte, les associés communistes ne sont pas des esclaves, et ils sentent que leurs chefs ne sont pas des maîtres d'esclaves. Dans cette hypothèse, voici un autre inconvénient qui se produit : Les plaintes contre l'État, tantôt pour cause de mauvaise administration des biens de la communauté, tantôt pour inégale application des individus et tantôt pour répartition inique des produits, seront continuelles; de là le mécontentement, l'agitation, la rébellion, l'interruption ou le ralentissement du travail. En d'autres termes : on aura les inconvénients de l'esclavage et de la liberté : l'énergie éteinte et l'inconstance introduite, au grand détriment de la production.

La vie de travail est une vie de sacrifice continu. Pour y résister, il n'est pas rare qu'il faille une force puissante que la religion seule peut donner. Le communisme blasphémant à la fois la religion et la morale prêche hautement l'émancipation des passions. La réhabilitation de la chair, l'attrait des passions, le matérialisme, le panthéisme, l'athéisme sont ses principes régulateurs sous ce rapport. Jugez de l'impétuosité avec laquelle devront éclater les passions d'hommes qui auront cru sous l'influence de ces doctrines immorales! Les différents, les rixes, les vengeances, les révoltes et le soin ardent et continuel d'avoir des loisirs et de pouvoir obéir à ses caprices seront des effets naturels de cet état de choses, pour des gens qui sont dans la conviction que tout meurt ici-bas.

La conséquence économique de cette condition sociale qui ne la sent? Ce sera la destruction des utilités amassées par le passé, la confusion des ouvriers et l'interruption du travail à l'heure actuelle, le spectre de la misère accompagné des éclairs sinistres traversant les ténèbres de l'avenir.

Pour résumer le tout, à quoi donc se réduisent les grandes promesses de bonheur répandues par le communisme? Il est aisé de les déduire de tout ce que nous avons dit jusqu'ici. Elles se réduisent à un amas d'illusions, de billevesées, de mensonges. En effet, pour les réaliser que fait-on? On tarit la seule source d'où provient d'ordinaire la richesse, c'est-à-dire le travail énergique et constant. Or, le communisme, en vertu de son système, émousse les aiguillons les plus puissants au travail, puisqu'il élimine la nécessité de pourvoir à ses besoins personnels, en détruisant l'intérêt individuel et les affections de famille; il supprime l'initiative privée, livre passage aux causes morales qui troublent absolument toute économie, en mettant au début de sa marche le droit de satisfaire ses passions les plus ardentes. Il n'édifie donc pas, il détruit; il ne plante pas, il abat; il ne sème pas, il fait un désert du terrain qui a été ensemencé. En un mot, il fait litière de toutes les ressources que la nature prévoyante met en œuvre d'ordinaire pour engager au travail l'homme inactif et ennemi de la fatigue.

La société communiste ne sera donc pas le règne de l'aisance et de l'abondance, mais celui de la pauvreté et de la misère.

....

CHAPITRE IX

VANITÉ DES EXPÉDIENTS IMAGINÉS PAR LES SOCIALISTES POUR SOULAGER LA MISÈRE COMMUNISTE

Les socialistes, voyant le sort funeste auquel la société communiste est naturellement condamnée dans l'ordre économique, sont allés lui offrir le secours de leurs conseils. Ils lui ont proposé divers expédients qui tous, d'après eux, devaient être infaillibles, mais qui, en réalité, ne sont d'aucune valeur. La communauté, atteinte qu'elle est dans ses organes les plus vitaux, doit mourir de consomption et de misère. Le communisme ayant détruit les causes tant physiques que morales qui, en s'identifiant avec l'homme, possèdent une force toute naturelle pour engager celui-ci à un travail énergique et constant, que pourrait-il suggérer pour obvier à ce grand désastre? Rien que des expédients factices et de nulle valeur.

L'hérédité abolie, la famille supprimée, mettez, disait l'école de Saint-Simon, tous les biens en commun, entre les mains d'un chef, et faites que celui-ci dans la répartition des fonctions et dans la rémunération du travail suive ce principe : « A chacun selon sa capacité, à chacun selon ses œuvres », et ce sera suffisant pour tout arranger. La justice qui sera évidente, tant dans la répartition que dans les rémunérations, vous apportera la paix des âmes, et la mesure des rémunérations fournira le plus puissant stimulant au travail qui est l'intérêt individuel. Que peut-on désirer de mieux pour assurer à la société, l'aisance, l'abondance, la richesse? N'avez-vous pas les deux facteurs les plus importants de celle-ci : la paix et le travail? Illusion et duperie! D'abord, l'aiguillon de l'intérêt qu'on nous vante ici est aux prises avec les passions les plus désordonnées. Le Saint-Simonisme substitue à la religion du sacrifice, de la mortification et de la continence, la religion de la jouissance, des satisfactions brutales, et du sensualisme. Est-il possible que la communauté à laquelle on prêche la réhabilitation de la chair, la sainteté des plus ignobles satisfactions, et la liberté la plus immorable de la femme, est-il possible que cette communauté-là soit la communauté du travail énergique, du travail constant? Tout au contraire. Une communauté qui professe de pareils principes est inévitablement la communauté de l'avachissement, de la décadence, de l'inertie, et finalement de la misère. Et ne croyez pas que la justice de la formule proposée soit de l'or en barre; ce n'est que du clinquant. Quel est celui, en effet, qui prononce sur la capacité? Le chef. Qui estime la valeur de l'ouvrage? Le chef. Donc, la répartition et la rémunération dépendant de l'arbitraire d'un individu, la justice ne saurait porter d'autre cachet que celui d'une justice arbitraire.

De là un double inconvénient, dont l'un est pis que l'autre : affaiblissement du travail, parce qu'il n'est pas certain que la rétribution sera en proportion de la peine; des plaintes, des lamentations et des troubles, par la raison que plusieurs estimeront leur capacité supérieure au degré assigné, et la rétribution inférieure au mérite de leurs œuvres. L'expédient suggéré n'apportera donc à l'association, ni paix, ni travail, ni abondance, mais du trouble, du relâchement, de la misère.

L'école fouriériste envisage la chose sous un autre aspect. Trois agents différents ont leur part dans la production : le capitaliste, le talent, l'ouvrier. Comment les avoir tous trois unis et toujours d'accord? Rémunérez, dit Fourier, convenablement le capital, le génie et le travail, dans la répartition des produits de la communauté. Grâce à cet acte de justice, le capital n'opprimera plus l'ouvrier, et l'ouvrier ne s'insurgera plus contre le capital : la paix entre l'un et l'autre sera conclue; le capital, le génie et le travail se trouvant de la sorte harmonisés, le règne de l'abondance ne tardera pas à fleurir, au sein de l'association communiste. Le principe est beau, et s'il était appliqué selon la saine raison, il donnerait de bons résultats. Mais, là est le nœud de la difficulté. Dans le système de l'école fouriériste les fruits qui doivent nécessairement venir à maturité, ce sont la misère et la dissolution sociale. Des douze parts en lesquelles il veut que soit divisé le reliquat, les dépenses de la communauté déduites, quatre vont au capital, trois au talent et cinq au travail. Mais il pose comme principe fondamental que le travail soit laissé aux caprices des individus. Que celui qui le veut travaille, et que celui qui ne le veut pas s'abstienne; et malgré cela, dans l'un cas comme dans l'autre, on aura toujours le droit d'être vêtu, nourri et logé, au sein de la communauté. Quelle sera la conséquence? C'est plus qu'évident. Les phalanges en lesquelles doivent être partagés les associés fouriéristes se grossiront de gens inertes, oisifs, fainéants qui y accourront en foule, puisqu'il s'agira de vivre sans rien faire. De là, deux inconvénients : 1° tout capitaliste de bon sens s'abstiendra de porter ses capitaux aux phalanges, pour ne pas les voir dévorer sans avantage, par cette race d'hommes; 2° le travail sera désordonné, et inférieur aux besoins des associés. De là les capitaux faisant défaut d'une part, et de l'autre le travail, supposé qu'il s'en fasse, ne rapportant rien ou peu de chose, vu l'inertie de la plupart, la plus triste misère ne tardera pas à frapper la communauté.

Fourier n'est pas de cet avis; il soutient même le contraire, vu l'organisation toute nouvelle qu'il donne à ses phalanges. Jusqu'à cette heure, on a toujours cru que le vrai bien-être d'un peuple est basé sur le droit, sur la vertu et sur l'esprit de sacrifice. Fourier soutient tout l'opposé. Il met à la base de la société le développement de toutes les passions, et soutient qu'elles produiront selon leurs différentes attractions la société la plus harmonique qui ait jamais existé au monde. La preuve de cette prodigieuse nouveauté est la suivante : si l'ordre admirable que nous voyons dans les systèmes célestes provient de l'attraction mutuelle des forces qui les mettent en mouvement, pourquoi cette même loi n'aurait-elle plus de valeur, quand il s'agit des hommes? Or, la force qui meut ces derniers étant l'instinct des passions, faites en sorte que les instincts des uns soient combinés et harmonisés, dans les proportions requises, avec ceux des autres, et vous aurez l'ordre naturel dans la société. Dans cet ordre parmi les nombreuses attractions harmonisées dans la communauté, il faut aussi compter celle du travail. Dès lors l'énergie arrivera à son comble, attendu qu'elle sera le produit d'une attraction passionnée; et la constance sera perpétuelle, parce que l'attraction des uns cessant, celle des autres naîtra : de là productions et richesses à foison.

Le principe d'où part Fourier, et la conséquence qu'il en déduit sont plutôt folles qu'étranges. Les forces des corps célestes sont soumises à des lois certaines, constantes, nécessaires; mais les passions non! Celles-ci dépendent dans leurs actes d'un esprit libre qui peut en faire jouer la clé à son gré. C'est pourquoi, de même qu'il est impossible de fixer leurs mouvements par des lois certaines et constantes, il est pareillement impossible de les harmoniser avec sécurité et d'une façon perpétuelle. A part ce point capital, une société qui ne fait profession d'aucune notion de bien et de mal moral, d'autorité et d'obéissance, une société où le seul principe qui ait de la valeur est celui de l'émancipation des instincts, où chacun n'a d'autre loi que son bon plaisir et la jouissance, pourra-t-elle être la société du travail fils de l'ordre, de la tranquillité et du sacrifice? Non : c'est impossible; elle sera fatalement la société du désordre, la société des ennemis du travail, la société de la misère et de la dissolution (1)

(1) Cf. Indre. *Histoire du Communisme.* Ch. XVI; Thonissen. *Le*

L'organisation du travail imaginée par Louis Blanc a fait tout autrement de bruit que le phalanstère de Fourier. L'expédient que cet écrivain propose, c'est l'abolition de la concurrence. Voici comment il raisonne pour prouver que la concurrence étant une source de misère et d'immoralité, tant pour l'ouvrier que pour l'industriel, le seul moyen à prendre c'est de l'extirper du monde. « Qu'est-ce que la concurrence, écrit-il, relativement aux travailleurs? C'est le travail mis aux enchères. Un entrepreneur a besoin d'un ouvrier : trois se présentent. « Combien pour votre travail? — Trois francs : j'ai une femme et des enfants. — Bien. Et vous? — Deux francs et demi : je n'ai pas d'enfants, mais j'ai une femme. — A merveille. Et vous? — Deux francs me suffiront : je suis seul. — A vous donc la préférence. ». C'en est fait : le marché est conclu! Que deviendront les deux prolétaires exclus? Ils se laisseront mourir de faim, il faut l'espérer. Mais, s'ils allaient se faire voleurs? Ne craignez rien; nous avons des gendarmes. Et assassins? Nous avons le bourreau. Quant au plus heureux des trois, son triomphe n'est que provisoire. Vienne un quatrième travailleur assez robuste pour jeûner de deux jours l'un, la pente du rabais sera descendue jusqu'au bout : nouveau paria, nouvelle recrue pour le bagne, peut-être (1). » Peut-il y avoir un doute par rapport à la profonde misère où tombe l'ouvrier à cause de la concurrence, bien entendu si l'on s'en tient à ce discours? Dites-en autant des fabricants : « Comme il n'y a point de place pour tous, dit L. Blanc, là où une fortune s'élève, une fortune s'est écroulée; là où un homme se montre debout, un homme a été tué. — Vous entrez dans le domaine du travail, c'est bien; mais votre clientèle? —

socialisme depuis l'antiquité. Ch. II; REYBAUD. *Etudes sur les Réformateurs*, T. I. Ch. III.

(1) L. BLANC. *Organisation du travail*, pag. 43, 44. Bruxelles, 1845, In-18.

Je prendrai celle du voisin. — Alors le voisin en mourra? — Qu'y puis-je? si ce n'était lui, ce serait moi. Voilà l'histoire de l'industrie aujourd'hui (1). » La conséquence? Il faut abolir la concurrence. « Nous devons dire à l'industrie abandonnée aux caprices de l'égoïsme individuel, à cette industrie, mer si féconde en naufrages : Tu n'iras pas plus loin! (2) »

Cette conséquence pourrait passer, si elle n'était pas entachée d'un double défaut, à savoir : d'une fausse supposition en théorie, et de la misère qu'elle traîne après elle dans la pratique. M. L. Blanc suppose en effet que l'entrepreneur a besoin d'un seul ouvrier, et pas plus; il suppose que, sur le marché, les trois ouvriers dont il parle se trouvent toujours aux prises; que l'aptitude plus ou moins grande de ces ouvriers ne compte pour rien, que l'offre ou la demande plus ou moins considérable n'influe pas sur la valeur, et que le fabricant ne fait attention qu'à donner aux ouvriers le salaire le moins élevé possible, et néglige absolument d'examiner les aptitudes de ceux qui se présentent. Faites que l'une ou l'autre de ces hypothèses vienne à faire défaut en matière de concurrence et aussitôt vous verrez les conditions du contrat devenir tout différentes de celles que pose L. Blanc. Ce qui décide le fabricant, c'est l'utilité. Par conséquent, si l'aptitude de l'ouvrier qui a femme et enfants est telle qu'elle apporte une utilité plus grande, il le préférera, en dépit du salaire plus élevé, à celui qui est célibataire. Si le besoin l'y force, à cause des nombreuses demandes de ses clients, il donnera, sans plus, le même salaire aux trois ouvriers. La conséquence de L. Blanc tiendrait debout, si aucune des hypothèses susdites ne venaient à se vérifier. Mais, quand donc cela arrive-t-il? Ou jamais, ou si vous le voulez dans de très rares circonstances. Le défaut de son

(1) *Le socialisme. Droit au travail. Réponse à M. Thiers*, pag. 21. Bruxelles, 1848, in-18.

(2) *Organisation du travail*, pag. 14.

argumentation provient de ce que, contrairement aux règles de la logique, il a généralisé ce qui n'arrive que dans un cas particulier (1).

Disons-en autant par rapport à la concurrence entre les fabricants. En donnant la concurrence comme la cause des ruines de fortune qui arrivent parmi eux, il oublie la part qu'ont dans ces ruines les entreprises audacieuses, les excès insensés de production, la conduite peu intelligente des affaires, les déceptions qui surviennent par le fait de la mauvaise foi des correspondants, de causes physiques ou de révolutions politiques, soit pour toutes autres causes que la sagacité humaine n'a pas pu prévoir. En un mot, il met à la charge de la seule concurrence, ce qu'il faudrait partager entre cent autres causes qui ont une grande force en matière de mouvement industriel. Le défaut de son raisonnement est toujours le même. Hypothèse erronée et par suite nullité de la conclusion. Nous ne contestons pas que dans la concurrence telle que l'a décrite Louis Blanc, il puisse y avoir et il y ait en effet des abus, comme il y en a dans toute autre institution sociale. Faudra-t-il dire pour cela qu'elle est la cause de toute la misère? Ce serait une conséquence des plus illogiques.

Impossible d'en dire autant du système dont L. Blanc voudrait doter la société après l'abolition de la concurrence. Celui-là, oui, nous apporterait la misère et la misère la plus profonde. Il doit être et il est en effet, dans l'intention de son auteur, le système de la non-concurrence. La concurrence a pour objet la possession d'une utilité donnée; le champ où se passe la lutte des concurrents se trouve entre le maximum et le minimum du prix ou de la valeur correspondante à l'utilité à conquérir. La concurrence entre les vendeurs qui a

(1) Ce défaut est très commun aux sociologues d'aventure, aux ambitieux, aux hommes du parti pris et de mauvaise foi. Nous l'avons tous les jours sous les yeux. A. O.

en vue l'utilité du débit suit une marche descendante, et la concurrence des acheteurs qui a pour objet l'utilité de l'achat suit une marche ascendante. Donc l'inégalité de la valeur, à laquelle une utilité peut être vendue ou achetée, est l'âme et la vie de la concurrence. Il s'ensuit que, si cette inégalité est supprimée, la concurrence l'est aussi, et si l'on fait disparaître les capitaux qui l'alimentent, on la fait disparaître du monde et on l'empêche de ressusciter. Elle sera anéantie à jamais.

Tel est le but auquel Louis Blanc a visé dans son système. Il supprime : 1° la concurrence entre les ouvriers, par l'égalité des salaires; 2° il supprime la concurrence entre les vendeurs de la même denrée industrielle, par la fixation d'un prix égal dans tous les endroits; 3° il supprime la concurrence entre les usines de la même industrie, par la communauté des pertes et des gains entre ces usines groupées en un seul corps; 4° il supprime la concurrence entre les capitaux privés, par l'absorption de ceux-ci dans les ateliers nationaux établis par l'État; 5° finalement il enlève à la concurrence tout moyen de reparaître sous une forme quelconque, en soumettant les usines, les terres et les capitaux à l'arbitraire du gouvernement. Tel est, dans ses dispositions principales, le système de la non-concurrence que M. Louis Blanc nous présentait comme une source de grande richesse, mais que le bon sens considère, lui, comme étant une source de profonde misère.

Voici les motifs de cette appréciation défavorable : 1° Le salaire se trouvant fixé d'avance, le stimulant de l'intérêt en demeure singulièrement émoussé et par suite aussi le stimulant de la production qui est la source de l'abondance. A quoi bon, dira l'ouvrier, à quoi bon me donner tant de peine pour travailler; que je fasse plus ou que je fasse moins mon salaire est fixé d'avance? Je n'aurai ni un sou de plus ni un sou de moins. A quoi bon chercher à me perfectionner dans mon métier? Tous mes ennuis, toute ma diligence ne me rapporteront rien. Mon salaire est fixé; je n'ai rien à attendre au delà. Ce raisonnement, basé sur la nature de l'homme, amènera un relâchement général soit dans la quantité, soit dans le perfectionnement de la production. Il y a, il est vrai, dans le système de L. Blanc, l'utilité collective des différents profits des officines groupées qui, à la fin de l'année, sera à répartir entre les individus. Mais à quoi servira cette mesure? Ce n'est pas l'utilité collective toujours incertaine, et se trouvant aux mains d'autrui qui sollicite et fait mouvoir l'ouvrier; mais l'utilité individuelle. A autant de travail, autant d'argent; à autant d'aptitude, autant de gain de plus; plus je travaille, et plus je suis rétribué. Voilà les motifs qui donnent à l'ouvrier de l'énergie et de la constance dans son travail. Et puis où l'on admet l'égalité du salaire, comme l'a voulu, à l'origine, Louis Blanc, et, dans ce cas, le bon ouvrier se trouvant sur la même ligne que le mauvais, l'ouvrier habile que le gâte-métier, l'ouvrier diligent et laborieux que le paresseux et le fainéant, il y aura là une injustice manifeste. Que de matière, chaque jour, à des mécontentements, à des injures réciproques à des discordes ouvertes! Ou bien le salaire est fixé proportionnellement aux besoins des ouvriers, comme le même écrivain l'a réclamé par après, et, dans cette hypothèse, les besoins ne pouvant être mesurés à l'aune, que de plaintes, que de réclamations, que de tapage de la part d'un grand nombre d'individus, qui diront et croiront n'avoir pas été rétribués par l'autorité d'après leurs besoins? Ajoutez à cela pour comble de confusion le droit que L. Blanc accorde aux ouvriers de choisir les directeurs et surveillants des ateliers (1). Figurez-vous les intrigues, les discordes, les

(1) En quoi la billevesée de l'usine constitutionnelle diffère-t-elle de cette invention? En quoi tant d'autres mesures préconisées par la folie démocratique en diffèrent-elles? Les novateurs n'apprendront jamais rien.

changements, pour les avoir à leur gré. L'interruption du travail viendra fréquemment s'adjoindre à l'affaiblissement général de l'énergie, la production ira de plus en plus en diminuant, et la figure hideuse de la misère noire ne tardera pas à faire son apparition (1).

Robert Owen surpasse de loin tous les autres socialistes, en fait de promesses magnifiques. Si le langage de Fourier est celui du visionnaire, le ton d'Owen, dans son *manifeste* ou programme, est celui d'un charlatan. Son système des *sociétés coopératives* est appelé à produire de vrais miracles. « Il amènerait une abondance inépuisable de toutes les choses nécessaires à la vie et au plaisir, il rendrait le travail si facile et si agréable, que la première année de son introduction, il apporterait sur cette terre plus de jouissances, d'aisance, de moralité que n'ont pu en apporter, pendant des siècles les vieux systèmes appliqués jusqu'ici. » C'est la promesse de l'âge d'or, on le voit. Mais sur quelles bases veut-il asseoir sa société coopérative? Sur trois principales : athéisme ou épicuréisme en pratique, bienveillance entre les associés. Eh bien! ces bases ne supporteront jamais la société de l'abondance, mais celle de la misère. L'idée du devoir et l'idée de l'expiation sont deux puissants motifs de morale qui soutiennent l'homme dans le travail, et l'encouragent dans les désagrements qu'il y éprouve. Introduisez l'athéisme et voilà l'une et l'autre anéanties, et l'individu, privé de ce noble soutien, écrasé sous le poids du travail auquel il répugne naturellement. Jouir et recueillir les sensations les plus agréables, partout où il les trouve, c'est le seul souci de l'épicurien qui fait en cela consister tout son bonheur. Mais, y a-t-il quelque chose de plus opposé à cette manière de vivre que les sueurs, la fatigue, les ennuis d'un travail

(1) Cf. THIERS. *De la propriété*. MICHEL CHEVALIER. *Lettres adressées au* JOURNAL DES DÉBATS *sur l'Organisation du travail*. PROUDHON. *Système des contradictions économiques*. 2 vol. 8°. Paris Guillaumin.

continu? Si donc tout homme en général répugne à la fatigue du travail, l'épicurien doit l'abhorrer, et en vertu de ses principes, il doit la fuir le plus qu'il peut. Ces deux principes constituant donc un contre-stimulant au travail, l'énergie réciproque viendra-t-elle peut-être suppléer ce défaut de stimulant? Owen le soutient; de plus, ce principe constituant, d'après lui, la principale force de son système, il est généralement considéré comme la propriété spécifique de celui-ci. Mais une simple considération suffit pour montrer qu'il est de nulle valeur. En effet, quel peut être le moteur de cette bienveillance? Ce ne sera pas le pur amour de Dieu, ni la loi divine, puisque l'idée de Dieu est mise au ban de la société coopérative. Sera-ce la force de l'enseignement? De fait Owen fait les plus grands efforts pour engager à cette bienveillance réciproque. Mais, comment ne s'est-il pas aperçu qu'en mettant à la base de son système l'épicuréisme, il a introduit dans la place le plus terrible ennemi de la bienveillance réciproque qui est l'amour de soi par-dessus tout? S'épargner la fatigue, se procurer le plus de jouissances possible aux dépens d'autrui seront les conséquences immédiates et infaillibles de ce principe. En outre, toute retenue étant enlevée aux consciences, par le fait de l'athéisme, et tout frein étant ôté aux passions les plus ardentes et les plus brutales, par le fait de l'épicuréisme, les discordes, les rixes, les tumultes doivent être de tous les jours et de tous les instants. L'énergie et la constance du travail, génératrices de l'abondance, pourront-elles durer longtemps? C'est impossible. Amollies en outre par l'épicuréisme, elles iront rapidement en déclinant, et la production diminuant toujours, la misère envahira bientôt la communauté.

Les quatre expédients que nous venons d'examiner dans ces pages ont été mis à l'épreuve et l'issue a correspondu de tous points à la solution tirée des principes sur lesquels ils s'appuyent. Les Saints-Simoniens finirent par un procès pour cause d'immoralité, et par une faillite. Les fouriéristes furent en proie à la misère, peu de temps après l'inauguration de leur communauté. Les ateliers nationaux organisés par L. Blanc lui-même, en conformité de son système, furent formés après avoir englouti, en pure, perte une belle somme de millions. Les sociétés coopératives de Owen firent une mauvaise fin tant en Amérique qu'en Ecosse à cause des agitations, des rixes et plus encore de la misère couronnée par une faillite de trois millions. C'est ainsi que fut moqué l'orgueil humain pour avoir voulu substituer ses propres fantaisies à l'organisation sociale de la Providence. Il avait promis le règne de l'abondance et de la félicité, et, à sa honte, il a abouti au règne de la misère et de l'infortune.

De nos jours, on imagine d'autres formes et d'autres expédients pour obvier à cette lamentable et effrayante domination. Peine inutile! Tant qu'on maintiendra debout le principe fondamental de l'égalité, les conséquences qui en découlent se produiront fatalement, et avec elles la désolante misère. De nouveaux essais seront signalés par de nouvelles déceptions. Les communistes et les socialistes de l'avenir ne seront pas plus heureux que ceux d'aujourd'hui. Le venin du principe ne changeant pas de nature, il faut que leur œuvre aboutisse toujours à la misère.

CHAPITRE X

LES TENTATIVES DES COMMUNISTES ET DES SOCIALISTES SONT DES IMPOSSIBILITÉS

L'œuvre du socialisme pourra-t-il, du moins, avoir pour issue une existence solide et durable? Non, il ne l'aura pas, et il ne pourra l'avoir jamais. En effet, la réforme sociale imaginée et vigoureusement soutenue par lui est une réforme d'une durée impossible. Il pourra bien, à un moment donné, déchaîner la populace en guise de bêtes féroces, et la lancer ivre de fureur contre l'ordre social. Il pourra abattre, détruire celui-ci, mais jamais il ne parviendra à édifier sur ses ruines rien de stable au monde. La nature se dressera toujours contre lui pour empêcher son travail, et le renverser dès qu'il sera commencé.

Qu'on étudie, de grâce, l'histoire du communisme ou du socialisme que nous avons racontée dans la première partie de ce livre. Quiconque va un peu au fond de ces enseignements du passé, s'aperçoit bientôt que les démentis donnés aux doctrines et aux efforts du socialisme pour s'implanter dans la société humaine sont aussi nombreux que les systèmes sous lesquels il s'est présenté à elle. Il y a eu, il est vrai, des organisateurs de républiques qui l'ont admis dans leurs lois; il y a eu des philosophes qui l'ont propagé dans leur enseignement; il y a eu des sectes religieuses qui l'ont prêché au nom de la Divinité; les formes ont varié, et les moyens de propagande également, on a réussi à l'introduire par la révolte et la violence dans telle ou telle société : mais il n'a pas fallu longtemps pour qu'il perdît de son crédit et disparût. Un fait aussi constant, aussi universel et de tous les temps, suppose une force de destruction pareillement constante, universelle et de tous les temps qui en soit la cause efficiente. Mais il est impossible de trouver la raison d'être adéquate de cette force ailleurs que dans la nature de l'homme lui-même. Le socialisme et la nature de l'homme sont deux ennemis irréconciliables, ou pour parler plus exactement, la nature de l'homme éprouve une aversion profonde pour le socialisme, à tel point que, pareille à une personne saisie d'une colère subite, elle attaque l'œuvre socialiste partout où elle apparaît et ne lui laisse ni paix ni trêve, tant qu'elle ne l'ait tuée. Tel est l'enseignement de l'histoire, pour tout homme qui sait le lire (1). Or, de même que les institutions socialistes n'ont pu avoir une vie de longue durée, au cours des siècles passés, de même elles n'en auront pas ni dans le présent ni dans l'avenir.

Le rapprochement de l'homme tel qu'il est sorti des mains du Créateur, avec les principes du système socialiste, en sont la preuve frappante. C'est une idée qui mérite d'être pesée, L'homme doué de la lumière intellectuelle sent que la liberté est l'apanage de sa nature. Il dédaigne donc toutes ces entraves qui la restreignent déraisonnablement, et il hait cette force brutale qui cherche à la tenir enchaînée. Le communisme et le socialisme, au lieu de respecter et de défendre cette noble dotation de la nature humaine, en commande le sacrifice total au Dieu-État. D'après lui tous les individus qui font partie de la société constituée en conformité de ses doctrines, doivent être corps et âme à la merci de cette divinité, ne faisant ni un pas ni un acte, si ce n'est au gré de celle-ci.

Nous avons démontré plus haut que le charme d'une société pareille se résout en définitive en un esclavage dégradant des individus placés sous la main de fer d'un despotisme absolu. Est-il possible qu'une communauté ainsi organisée tienne longtemps debout? La saine raison nous dit qu'il y aurait

(1) C'est également la cause de l'aversion qu'inspirent aux hommes sensés et clairvoyants les billevesées démocratiques qui acheminent vers le socialisme. A. O.

folie à croire à une possibilité pareille. Il suit de là que les membres qui ont concouru à la former, séduits qu'ils ont été par l'attrait des doctrines socialistes, ou bien se sépareront pacifiquement, s'ils y sont autorisés après le premier essai, ou bien, s'étant convertis, se révolteront un beau jour, et, après avoir brisé leurs chaînes, renverseront la malencontreuse société. Car, s'il est possible de faire violence à la nature, il ne l'est pas d'empêcher celle-ci de reprendre haleine et de briser, un jour, au nom de son droit, le joug qu'un oppresseur lui a imposé.

Une autre considération encore établit lumineusement cette vérité. Les éléments qui constituent la société sont au nombre de trois : la fin, la conspiration de tous les membres en vue de l'atteindre, et l'autorité qui, en guise de force centrale, en régisse le mouvement. La fin proposée par le socialisme à sa communauté est la félicité d'ici-bas. Nous l'avons démontré. Mais l'homme n'est pas né en ce monde pour cela. La noblesse de son être y contredit. Portant au front l'image du Dieu vivant, et ayant une âme immortelle qui vivifie ses membres, il n'est pas destiné à se repaître des biens d'ici-bas, à la façon de l'animal des bois et de la prairie. Son bonheur n'est pas là : sa raison, ses désirs, ses aspirations disent que sa fin est plus noble et plus sublime que tout ce qu'il y a sur la terre. L'infini lui convient. Supposez à présent qu'un homme pareil s'accroche à d'autres hommes, et fasse consister la fin de son être à jouir des délices des animaux. La nature si indignement outragée sera là tôt ou tard, à tel ou tel moment, pour l'affliger de ses plaintes et le tourmenter par ses remords, et elle ne cessera pas ce travail jusqu'à ce qu'elle l'ait amené à se relever honteux de lui-même. Il pourra se faire que certaines individualités socialistes demeureront dans la fange, mais jamais la communauté entière ne persistera dans cet avilissement. Et encore, si tout cela ne suffisait pas, le désanchantement fera le reste. Le socialisme promet la béatitude d'ici-bas. Or, c'est dans cette promesse-là même que gît le désenchantement à cause de l'impossibilité où il se trouve de la maintenir en apaisant les désirs de ceux qu'il doit rendre heureux. Les biens de la terre n'ayant qu'une efficacité privée, la félicité ou le plaisir qu'ils procurent est nécessairement limité. Les désirs de l'homme, au contraire, n'ont pas de limites, ils sont d'une capacité sans terme. Que la société communiste offre donc à ses membres tous les genres de biens, qu'elle les jette sans relâche dans leur sein, qu'elle les en entoure, jusqu'à les étouffer, ou peu s'en faut; mais quant à les rassasier, c'est peine perdue. Pareils à la louve de Dante, après une pâture si copieuse, ils auront encore plus faim qu'auparavant. Aussi, le mécontentement envahira-t-il la communauté. Et il s'accroîtra pour cet autre motif encore: les biens dont le socialisme pourra disposer sont non seulement d'une efficacité finie, mais leur quantité elle-même est limitée. Ne pouvant donc satisfaire par l'offrande d'une pâture nouvelle aux convoitises inassouvies, la discorde, le tumulte, la fureur des associés, se plaignant qu'on les a trompés, amènera bientôt la dissolution de la société mal inaugurée. La communauté d'Owen finit en Amérique sous les coups de couteau des associés se disputant l'objet de leur béatitude, et celle de Cabet périt de misère.

Le droit et le devoir constituent ces rapports qui en fixant des règles aux différents membres associés, et en les reliant entre eux les disposent à tendre de commun accord et pacifiquement vers la fin de la société. Mais, pour obtenir un effet si avantageux, deux conditions sont nécessaires : la première que les règles du droit, tout aussi bien que celles du devoir, soient communes à toutes les consciences; la seconde que la base sur laquelle ces règles se fondent soit inébranlable. Or, il est aisé de voir que ces deux conditions ne se vérifient pas au sein du socialisme. Celui-ci, en effet, ou rejette franchement l'existence de Dieu, qui en sa qualité de législateur suprême impose aux consciences les mêmes règles par rapport au droit et au devoir, et en exige, sous des peines sévères et éternelles, l'entier accomplissement, ou tout au plus permet-il à chacun de ses membres de se forger, à sa fantaisie, la Divinité qui leur plaît le plus. L'effet de cet état de choses est patent. Les règles d'une moralité commune à tous faisant défaut, chaque conscience sera libre de se les former et de les changer à son gré. Aujourd'hui ce qui semble honnête aux uns paraîtra coupable aux autres; ce qui semblait coupable hier sera estimé honnête aujourd'hui et ainsi de suite. Les variations des règles de la morale amèneront fatalement la confusion, celle-ci engendrera la discorde, le désordre, la lutte, la dissolution du lien social, et par suite la conspiration des membres et la ruine de la société.

Il est vrai que le socialisme supplée au défaut de la croyance en Dieu, en donnant pour règle de tout droit et de tout devoir social la loi de l'État appuyé par la force publique. Mais c'est là une dérision! Les lois qui n'ont pas leur racine dans la conscience sont bien misérables. De la violation privée que la force publique ne saurait atteindre, on passera à la violation ouverte.

La force sera vaincue par la force, et la rupture de ce lien extérieur sera inévitable. On aura recours à l'autorité de l'État pour maintenir ensemble les différents membres de la communauté? Vain refuge, ou plutôt misérable utopie du socialisme. Tout comme la formation de l'État, l'autorité dont il est investi est l'œuvre et la provenance des associés. Le principe moral de la soumission à celui qui commande n'ayant aucune valeur à leurs yeux, les lois seront obéies pour autant qu'elles seront universellement acceptées. Et si elles sont acceptées à l'heure de la promulgation, cette acceptation durera-t-elle longtemps? De plus, la force chargée de leur défense est souveraine, elle aussi, tout autant que la masse des citoyens. De là le danger qu'elle ne fasse cause commune avec les mécontents. Une autorité qui ne repose pas sur un principe de conscience est une autorité de théâtre, et si elle parvient à se faire craindre, elle devient un objet de haine et de terrible vengeance. Qui ne sait ce qu'a osé et ce que ose encore le nihilisme en Russie? Conclusion : Il manque à une communauté dotée d'une autorité pareille la force centrale qui tienne ses membres unis et en régisse le mouvement. Donc sa dissolution ne saurait guère être éloignée.

Ce n'est pas tout. La communauté socialiste est menacée d'un désastre plus grave encore. Veut-on connaître la durée d'un édifice? Regardez ses assises. Or, les assises sur lesquelles est bâtie la communauté en question sont des moins solides, puisque ce sont les passions. Le socialisme, en effet, qui se proclame le réformateur de l'ordre social, ayant observé qu'il y a chez l'homme une certaine lutte entre la raison et quelques-unes des tendances de l'homme, n'a pas dit que soutenir cette lutte de la raison contre les tendances sensuelles était chose juste et digne d'éloges. Il a même dit tout le contraire par la bouche de Saint-Simon, de L. Blanc et d'autres socialistes. A ses yeux la poursuivre est un désordre, et la religion qui la commande tourmente l'homme injustement. Il faut mettre la paix entre les deux contendants, en satisfaisant à la fois la raison et ces tendances, et non pas en satisfaisant la raison aux dépens de ces tendances. Or, celles-ci que sont-elles? Le mot *tendance* peut s'offrir, si vous le voulez, à qui l'entend, sous un sens moins coupable que le mot passion, mais en définitive, toute hypocrisie à part, c'est des *passions* qu'il s'agit. Le socialisme met donc à la base de son statut la satisfaction des passions; non seulement il l'y met, mais il en fait pour l'homme un principe de devoir. Or, les passions étant de leur nature tantôt instables et agitées comme les flots de la mer, et tantôt ardentes comme la flamme qui rugit, l'édifice social bâti sur elles pourra-t-il tenir longtemps debout? Impossible! Semblable à une demeure bâtie sur le sable mouvant du désert, elle tombera en ruines dès que le vent aura soufflé sur elle. Donc, de quelque côté que l'on envisage la forme sociale imaginée par le communisme, même après les amendements qu'y a apportés le socialisme, elle est de tous points antinaturelle. Mais, comme ce qui est contre nature ne saurait durer, les hommes qui se présentent comme des réformateurs ne nous offrent en définitive qu'une forme sociale impossible.

Si à présent nous repassons les considérations que nous avons émises dans cette seconde partie de notre écrit, nous nous croyons en droit de conclure : Le socialisme, en nous donnant ses principes comme irrésistibles et son système comme une œuvre de justice, en impose à la crédulité publique. L'examen que nous avons fait avec loyauté de ses fameuses doctrines démontre que, mises en pratique, elles violent le droit individuel, détruisent la famille et foulent aux pieds le droit de l'humanité. Elles promettent l'égalité universelle, mais au prix de toute liberté, de toute personnalité. Elles promettent le bonheur et conduisent à la plus honteuse misère, elles soumettent la communauté à l'esclavage le plus dur et le plus inique. Elles mettent aux mains du pouvoir la tyrannie, le despotisme le plus odieux. Finalement, après avoir tenu les nations pendant de longues années en ébullition, occasionné des révolutions, répandu le sang à flots et causé des ruines sans nombre, elles aboutissent à bâtir un édifine ruineux et sans durée. Mémorable démonstration que l'orgueil humain, en s'attaquant à l'œuvre de Dieu, en demeure écrasé!

FIN

www.ingramcontent.com/pod-product-compliance
Ingram Content Group UK Ltd.
Pitfield, Milton Keynes, MK11 3LW, UK
UKHW022046190726
13855UKWH00002B/421